불륜예찬

불륜예찬

LOB DER UNTREUE

— 뻔뻔한 외도를 위한 변명 —

프란츠 요제프 베츠 지음 | 송명희 옮김

율리시즈

차
례

당신은 만족스러운 섹스를 누리고 있는가

관계를 맺는다고 해서 곧 연애가 되는 건 아니지만, 연애라면 굳이 나쁠 게 없을 것이다. 파트너 관계를 연애하듯이 이끌 수만 있다면 이는 한때의 타오르는 열정을 위대한 사랑으로 이어갈 수 있음을 뜻한다. 뿐만 아니라 일상적인 부부 관계나 가정, 직장 밖에서 맛보는 순간적인 행복감을 훌륭한 연애소설로 바꿀 수도 있을 것이다. 이렇게만 된다면 황홀한 자극과 안정된 파트너 관계를 조화시키려는 아득히 오래된 인류의 꿈이 실현되는 것이나 다름없다. 사실 이런 특별한 경우라면 '위대한 사랑'이라는 말이 더 적절할 것이다. 하지만 그럴 가능성은 예외적으로도 실현되기 어렵다. 지속적인 정열이란, 현실에서 어쩌다 느끼

게 되는 황홀할 정도로 에로틱한 매혹만큼이나 드물기 때문이다. 감정이란 왔다가 사라지는 것이다. 위대한 연애문학 작품을 보더라도 지속적인 정열을 묘사하려고 하지만 결국 감정의 덧없음에 귀착되고 만다. 설령 정열이 있다 해도 오래 가지 못한다. 충족되지 못한 로맨틱한 열망에 사로잡히거나 한때 깊은 연모의 정을 느끼는 연인들은 그들의 관계가 정상화되거나 일상화되어 독자가 지루해지기 전에 비극적인 죽음으로 끝난다. 《로미오와 줄리엣》이나 《트리스탄과 이졸데》의 뜨거운 사랑도 일상을 벗어난 연애일 뿐, 평생 이어질 정열인데 안타까운 종말을 맞은 스토리의 서막이라고 볼 수는 없다. 이들의 비극적인 종말은 이미 도입부에서부터 한눈에 알아챌 수 있다.

수많은 동화나 소설, 영화의 주인공들은 온갖 어려움을 이겨내고 사랑하는 상대를 만나지만 대부분 비극으로 끝나기 때문에 일상을 초월한 관계가 지속된다는 경험을 가져다주지는 않는다. 일상의 경험에 대해서는 쿠르트 투콜스키 Kurt Tucholsky 가 〈그 이후〉라는 시에서 다음과 같이 적절하게 표현하고 있다.

결혼생활은 대체로 뜨거운 권태일뿐이다.
그러므로 영화의 해피엔드 장면은
보통 페이드아웃 처리된다.

냉정하게 보면 지속적인 관계란 오로지 정돈이 된 상태에서만 가능하다. 그 성공 여부는 본질적으로 서로 신뢰감이 있어야 하며, 비록 길은 다르지만 개인적인 자유공간을 충분히 인정하는 상호 존중에 달려 있다. 쇼펜하우어는 인간이란 '추위에 떠는 고슴도치'와 같다고 말한다. 얼어 죽지 않으려고 서로 몸을 바짝 붙이려 해도 상대의 가시에 찔릴까 봐 가까이 다가갈 수 없는 고슴도치와도 같다는 말이다. 그러므로 장기적인 파트너 관계는 가까우면서도 일정한 거리를 두어야 하며, 중간지대에서 모험을 펼치면서 행복을 찾는 수밖에는 없다. 그렇게 하더라도 서로에 대한 로맨틱한 사랑과 열정적인 감정이 차츰 식어가는 것은 어쩔 도리가 없다.

사랑은 만족스러운 섹스와 영원한 사랑, 행복한 파트너 관계에 대한 우리의 욕구를 늘 실망시킨다. 이 때문에 믿음직하고 만족스러우며 통제 가능한 것으로 묘사되는 무대 위에서의 사랑과 은밀하게 꿈틀대는 동경을 숨긴 무대 뒤의 사랑 사이에는 언제나 틈이 벌어지게 마련이다. 무대 위에서 보면 무대 뒤 사랑은 미풍양속에서 벗어나 추문을 일으키는 반칙과 다를 바 없다. 예로부터 무대와 무대 뒤 사이의 빈 공간에서는 비밀과 반쪽의 진실, 거짓말의 역사가 꽃을 피우곤 했다.

지난 20세기에 성의 해방이 성공을 거두었다고 하지만 익히 알려진 성문화나 사랑의 규칙, 관계의 형태는 많은 이들의 열망에 부응하지는 못했다. 그렇다고 해서 성의 해방이 완성되지 못한 채 중도에 그쳤거나 실패했다는 의미는 아니다. 단순히 성적 자유주의를 확대하거나 극단적으로 추구한다고 해서 이런 불안정한 상황을 극복할 수는 없을 것이다. 왜냐하면 단지 성적 환상의 욕구를 지속적으로 품을 수 있는 장치와 규정만 부족한 것이 아니기 때문이다. 엄밀히 말해 솟구치는 욕구를 완벽하게 정당화할 수 있는 규칙과 제도란 있을 수가 없다. 이 때문에 자유로운 섹스와 사랑, 관계의 문화 자체는 우리를 얽어매게 된다. 만약 성생활의 행태에 아무런 제한이 없다면 개인이나 공공질서를 위협하는 관능적인 욕구가 판을 칠 것이다.

이렇듯 교양사회의 문화와 야성적인 욕구가 서로 모순되는 현상은 두 가지 중대한 결과를 가져온다.

첫째, 섹스와 사랑, 관계 형성의 공간이 비좁아짐으로써 에로틱한 것에 대한 무지無知가 드러나게 된다. 또 반대로 실험을 즐기는 욕구가 나타나기도 한다. 대부분의 사람들이 온몸을 에로틱하게 사용하는 기술을 배운 것은 아니다. 이와 같이 강박관념과 황홀감을 체념하는 것은 개인적인 결정이라기보다 사회적인 인습에 따른 것이다. 즉, 사람들은 더 잘할 수 있는 방법을 몰라서 그저 현재의 성생활을 영위하고 있을 뿐이다.

둘째, 모든 문화적 장벽에 막혀 샛길로 빠지려는 욕구가 차단된 충동에너지는 부분적으로 은밀하게 발산될 수밖에 없다. 그러므로 섹스와 사랑, 관계 형성의 공간이 비좁아지면 수많은 비밀 행위와 거짓말이 활개를 치게 된다.

이 모든 것들은 우리의 문화에 심각한 문제를 안겨준다. 사실 우리는 타인의 사적인 일을 공공연히 떠벌리기를 좋아할 뿐만 아니라 관능적인 경험은 문화에서 매우 중요한 역할을 하기 때문이다. 지금이야말로 이러한 보편적인 관계의 형태와 사랑의 공식, 성적 행태를 새롭게 성찰할 때다. 더구나 이런 주제는 비단 젊은 세대의 관심사만은 아닐 것이다.

이 책은 "나는 만족스러운 성생활과 사랑, 관계를 누리고 있는가?", "왜 한 사람에게만 일시적인 욕구를 충족할 수밖에 없는가?"와 같은 의문을 끊임없이 제기하는 모든 사람을 위한 것이다. 키에르케고르는 '결혼하라, 후회할 것이다. 결혼하지 마라, 그래도 후회할 것이다'라고 말했다.

섹스와 사랑, 관계 만들기의 삶을 완벽하게 조화시키는 사람은 거의 없다. 이 책은 나 스스로나 다른 사람 앞에서 숨기고 싶은 좌절의 실태를 규명할 것이다. 그리고 그런 비극적 상황에서 빠져나오는 길을 제시해줄 것이다. 따라서 현재 처한 강렬한 관능적 삶의 가능성에 관심이 있거나 그런 삶의 방식에 골몰하는 모든 사람을 위한 책이다. 이 책은 섹스와 주변 사람과의 관계 속에서 드러나는 유희적 본능을 생생하고도 숨김없이, 또 과감하게 파헤치는 계몽서라고 할 수 있다. 은밀한 외도는 어째서 불가피한지, 어떻게 하면 남모르는 연애를 굳건한 파트너 관계와 조화시킬지 등등의 의문을 솔직하게 털어놓는 독자라면 이 책에서 흥미로운 답을 찾아낼 것이다. 만족스러운 섹스는 떨치기 어려운 유혹이라는 확신 아래, 나는 새로운 섹스문화를 옹호하는 바다.

I

호르몬 칵테일이 만들어내는 사랑의 광기

멋진 사랑이란 섹스와 애정, 파트너 관계가 하나의 통일체로서 탄탄하게 결합된 것이라고 볼 수 있지만 실생활에서 이런 경우란 그리 흔치 않다. 실제 생활에서는 이 세 가지 현상이 자꾸만 분리되기 때문이다. 사랑의 이러한 세 양상이 분열되면서 은밀한 관계는 더욱 부각되고 동시에 생물학적인 사실도 모습을 드러낸다. 섹스, 애정, 파트너 관계는 실생활과 이어져 문화와 자연의 어둠을 이용해 뚜렷한 움직임을 보인다. 세 가지 사랑의 양상은 서로 밀접하게 맞물려 있으면서 동시에 서로 구분된다.

성적 관계, 열정적인 욕망, 쾌락적인 만족감이 반드시 로맨틱한 사랑을 의미하는 것은 아니다. 로맨틱한 사랑은 성적 욕구 충족과는 다른 그 이상의 것이다. 이제 막 사랑에 빠진 사람은 설

렘으로 가득 차 있다. 가슴이 뛰고 다리가 후들거리며 날아갈 듯한 기분이 든다. 사랑에 빠진 사람은 특히 연인과 함께 있을 때 행복을 느낀다. 연인 곁에 있으면 마음이 안정되고 외로움을 떨쳐내는 데 도움을 주기 때문이다. 그 밖에도 기쁠 때나 힘들 때나 서로 기쁨을 나누고 함께 울며 감정을 공유한다. 이들은 상대를 깊이 이해하며 다정하게 감싸주고 싶어 한다. 뿐만 아니라 애정은 사랑하는 상대를 잃을까 봐 두려워하게 만든다. 이러한 두려움의 그림자가 바로 질투다.

사랑에 빠진 사람은 자연의 힘에 지배를 받게 마련이다. 술에 취하면 이성을 잃는 것처럼 이 힘에 저항하려고 해봤자 아무 소용이 없다. 이제 막 사랑에 빠진 사람은 게르하르트 하우프트만 Gerhart Hauptmann이 《열정의 서書》에서 강조하듯이 서로 '내 사랑'이라는 말을 듣기를 좋아한다. 프랑스의 소설가 마르셀 프루스트Marcel Proust는 《스완의 사랑》에서 이들을 사로잡는 것은 '상대를 완전히 소유하려는' 뜨거운 소망이라고 말했다. 누군가에게 관심이 쏠릴 때 사랑이 더해지면 '갑자기 독차지하려는' 마음이 생기기 때문이다. 러시아의 문호 톨스토이 Leo Tolstoi도 '사랑은 다른 모든 것에 앞서서 한 남자 또는 한 여자에 대한 독점적인 연모의 감정이다'라고 말한다. 한편, 영국의 풍자가 조지 버나드 쇼George Bernard Shaw는 이러한 감정과잉에 대해 냉소적이다. 그는

'사랑에 빠진 사람을 보면 생리적으로 흥분 상태가 되어 사랑하는 상대와 나머지 사람의 차이를 과대평가한다'라고 비웃었다.

　서로를 원하고 격정적인 키스를 나누며, 사랑에 취한 눈빛으로 바라보고 포옹하고 함께 잘 때, 여러 가지 본능의 힘이 조화로운 공연을 펼친다. 이 공연에서는 두 가지 악기가 소리를 낸다.

　첫 번째 악기는 수천 년 전부터 자연의 역사 속에서 만들어진 것으로, 오늘날까지 우리의 감정을 특징짓는 것이다. 이것은 진화생물학과 사회생물학의 연구과제로서 인간 감정의 간접적인 원인이라고 할 수 있다. 생물학에서는 인간은 왜 정욕과 그리움, 애정을 느끼는지를 규명하려고 한다. 또한 자연 현상에서 이러한 감정 상태가 어떤 원초적 기능을 하는지에 대해서도 관심을 쏟는다.

　두 번째 악기는 신경생물학의 연구 대상이다. 여기서는 화학적, 전기적電氣的 과정을 다룬다. 우리의 뇌에서 화학적, 전기적 과정이 진행되는 동안 정욕과 그리움, 애정과 같은 감정이 생긴다. 따라서 이러한 과정은 감정의 직접적인 원인으로 간주된다.

　사랑을 관장하는 인간의 가장 중요한 기관은 뇌다. 성적 욕구와 만족, 로맨틱한 사랑 그리고 결합과 위로의 깊은 감정은 모두

뇌에서 나온다.

　여기에는 뇌의 각 영역과 신경세포의 활동을 대조적이면서도 세밀하게 사진처럼 찍어내는 디지털 장치 같은 것이 들어 있다. 이런 활동은 우리가 열망하고 사랑하고 쾌감을 느낄 때마다 뇌에 자극을 준다. 실제 실험을 해보면 막 사랑에 빠진 사람의 뇌에서는 사랑하는 상대의 사진을 볼 때마다 한결같이 똑같은 영상이 나타난다. 모든 실험 참여자에게서 똑같은 뇌의 영역이 반응한다. 또 다른 영상에서는 에로틱한 여자의 사진을 본 남자의 경우 뇌의 보상중추가 활발히 움직이는 것이 분명하게 드러난다. 남자들은 이런 사진을 볼 때 신경계로부터 보상을 받기 때문에 그것을 무시하기가 어렵다. 지금까지의 뇌 단층촬영은 시적인 인간의 정욕과 사랑이 두개골 밑에 있는 산문적인 신경활동 과정에서 기인한다는 일치된 결과를 보여준다.

　이 과정에서 우리의 뇌는 섹스와 사랑, 결합 능력의 강도를 결정하는 전도체를 만들어낸다. 바로 호르몬과 신경 전달 물질이다. 신경 전달 물질은 신경세포에서 다른 기관으로 정보를 나르며 애정생활에 강력한 영향을 주는 생화학적 물질이다. 사랑의 여신 비너스나 사랑의 신 에로스도 불가피한 정욕의 힘을 숨기지는 못한다. 호르몬과 신경 전달 물질은 이른바 성적인 행복칵테일을 분비하며, 만족스러운 섹스를 할 때의 '오르가슴'은 여기서 비롯되는 것이다.

성적인 쾌감은 무엇보다 여성에게서는 에스트로겐, 남성에게서는 안드로겐에 좌우된다. 안드로겐이라는 말은 본래 '남자를 만드는 것'이라는 뜻을 지니고 있다. 성적인 열망은 에스트로겐이나 안드로겐, 테스토스테론의 분비와 밀접한 관련이 있고 이런 호르몬이 여성과 남성의 성욕을 통제한다. 반면에 애정은 순수한 성적 욕망과 달리 도파민, 노르아드레날린, 세로토닌 등의 신경 전달 물질에 영향을 받는다. 무엇보다도 사랑은 인체의 화학 반응이다. 사랑에 빠지면 도파민과 노르아드레날린 수치가 높아지는 반면 세로토닌 수치는 강박증 환자의 경우처럼 낮아진다. 막 사랑에 빠진 사람이 강박증 환자처럼 서로 강박적 구속을 하려 드는 것은 놀라운 일이 아니다.

리타 카터 Rita Carter 는 "냉정하게 말하면, 로맨틱한 사랑에 빠진 상태란 화학적으로 유도된 정신 질환의 일종이다"라고 강조하기도 한다. 그리고 윌리엄 셰익스피어는 《한여름밤의 꿈》에서 이렇게 말하고 있다. '사랑하는 사람과 미친 사람은 둘 다 뇌가 흥분한 상태다. 그래서 이성적으로는 파악할 수 없는 환상에 사로잡히게 된다.' 사랑하는 사람은 비너스의 행성인, 금성의 마력과 같은 낯선 힘에 지배를 받는 것처럼 느낀다. 그래서 고대 문화에서는 강렬한 사랑을 신의 광기나 마성적인 열망이라고 생각했다. 하지만 이제 그런 생각은 전설 속에서나 나오는 이야기가 되었다. 사랑의 광기는 초자연적인 광기나 마법이 아니라 세로토닌 수치가 낮아진 현상과 관련이 있다.

옥시토신과 바소프레신은 부부나 연인 관계에서 중요한 역할을 한다. 이 호르몬은 안정감과 더불어 보호받는 느낌을 준다. 이 때문에 이런 화학적인 전달 물질을 흔히 '호르몬 접착제' 또는 '안락 및 신뢰 호르몬'이라고도 부른다. 이 호르몬들은 상호 간에 신뢰를 형성하며 심리적인 안정감을 전달한다.

특정 뇌와 호르몬, 신경 전달 물질은 성적 욕망과 로맨틱한 사랑, 굳건한 관계가 어떻게 생겨나며 유지되는지를 잘 보여준다. 사랑을 둘러싼 이러한 직접적인 원인과 간접적인 원인은 서로 구분된다. 간접적인 원인은 자연에 이러한 열정적인 섹스와 로맨틱한 사랑, 굳건한 관계가 왜 존재하는지 밝혀준다. 이 세 가지 현상이 바로 번식의 이치인 것이다. 성적 쾌감은 개체가 적당한 동종 파트너와 하나가 되기 위해 진화과정에서 형성된 것이다. 이것은 후손의 번식을 위해서는 필수조건일 수밖에 없다. 이와 달리 로맨틱한 사랑은 서로 끌리고 다른 누구보다 더 상대에게 호감을 갖게 되어 마침내 파트너로 선택하는 사람 사이에 결합 에너지를 유지하도록 진개되는 것이다. 이러한 사랑은 지속적인 관계를 형성하는 데 도움을 준다. 이때 성적 쾌감이야말로 서로에게 매우 중요한 의미를 갖는다. 이런 사랑이야말로 바로 가정을 꾸리고 아이를 낳아 기르도록 하는 바탕이 되는 것이다.

많은 수컷 포유류가 되도록 많은 암컷과 짝짓기를 하고 싶어 하면서도 양육에는 별 흥미를 못 느끼지만 군건한 관계는 유지된다. 이 암수의 강한 결속은 후손에게 큰 이점이 된다. 둘이 함께 에너지와 자원을 새끼에게 투자함으로써 새끼의 생존 가능성을 높이고 더 안전한 환경과 보호망을 제공하기 때문이다. 그러므로 가족 형성과 자녀 양육에 지속적인 결속이 필요한 것이다.

동물의 세계에서 짝짓기와 번식은 사회적인 경쟁력에 좌우되는 것으로 입증되었다. 현대 진화론과 사회생물학에서는 경쟁력을 자연스러운 행동양식으로 보고 있다. 경쟁력과 경쟁의식은 자연사를 특징짓는 힘이다. 생물은 자기보존이라는 영역에서 서로 경쟁을 한다. 오로지 생존을 위해서 풍족하지 않은 자원을 둘러싸고 경쟁을 벌이는 것이다. 또 매력적인 짝을 찾을 때에도 경쟁이 일어난다. 그 밖에 사회적으로 높은 지위를 차지하기 위해서도 경쟁을 한다. 사회적 위계질서에서 좋은 자리를 차지하게 되면 자원도 더 쉽게 얻고 짝을 선택할 때도 성공 확률이 높기 때문이다.

성적 경쟁에서는 무엇보다도 강렬한 쾌감과 외적인 자기 과시가 중요하다. 관능적인 쾌락과 두드러진 생김새, 이 두 가지는 후손에게 자기 유전 정보를 전해주는 인간의 번식에서도 결정적인 역할을 한다.

우리 인간에게 있어 성행위는 점점 번식과 무관해지고 있긴 하지만 성욕과 쾌감은 자녀를 낳고 싶게끔 만드는 힘의 일부다. 쾌감의 생물학적 기능은 번식에 있지만 순수한 성적 만족을 통해서도 존재의 가치를 창조할 수 있다. 이때, 더 많은 쾌감을 얻음으로써 부가가치를 얻으려고 한다.

그 부가가치란 성적인 자기 만족과 자기 과시다. 옛날부터 효과적인 자기 과시가 성적인 성공을 좌우했다. 젊음과 아름다움, 그리고 건강은 사회적 지위나 재산과 마찬가지로 집단구혼장(어떤 장소에 여러 수컷이 모여 암컷과의 교미를 목적으로 예식적인 과시를 함으로써 우선순위를 쟁취하기 위한 장소-옮긴이)에서 중요한 신호가 된다. 동물의 세계 곳곳에서 짝짓기와 번식의 성공은 사회적 경쟁력에 달려 있다. 사회적 조직체에서 높은 서열을 차지한다는 것은 짝짓기 성공률이 평균 이상이 된다는 의미다. 짝짓기라는 목표를 달성하기 위해서는 대부분 수컷이 서로 경쟁을 벌여야 하고 암컷은 그중에서 선택을 한다. 구애를 받은 암컷에게 안전한 서식지와 새끼를 낳을 장소, 충분한 먹이를 제공할 수 있는 수컷이 구애에 성공할 확률이 높다. 이 밖에 두드러진 건강과 체력, 온전한 면역체계를 나타내는 화려한 장식도 중요하다. 이러한 두드러진 특징에는 가시고기의 강렬한 빨간색, 수탉의 곧추선 볏, 공작의 화려한 깃털, 사슴의 가지런한 뿔, 멧닭의 목 주머니 울음소리 같은 것이 있다. 이 외에도 개개비 같은 새의 노래나 연못에서 들려오는 개구리 울음소리, 나비와 딱정벌레, 열대어의 현란한 몸빛 등도 거기에 해당한다. 음향적이고 시각적인 유혹 도구를 이용해서 이런 '음유시인'들은 짝짓기를 하고자 하는 짝에게 자신을 과시한다. 가장 멋지게 장식한 동물은 당연히 짝짓기에서 가장 좋은 기회를 얻게 된다.

성적 경쟁을 위해 매력적인 신호를 전달한다는 점을 제외하면 색깔, 치장, 강인함, 우렁찬 소리나 다른 성적 홍보요소들은 오히려 쓸데없는 에너지 낭비일 뿐이다. 물론 신호 전달과 에너지 소비라는 두 가지 요인은 서로 밀접한 관련이 있다. 짝을 둘러싼 경쟁에서 성적 자기 과시 수단이 많다는 것은 건강하고 생존능력이 뛰어난 것으로 해석되기 때문이다. 화려한 외형에서 보여주는 힘의 과시는 수컷이 충분히 건강하고 힘이 세며 활력이 넘치는 상태라는 의미로 받아들여진다.

하지만 이처럼 외형적인 멋진 장식들은 생존을 둘러싼 경쟁에서 오히려 단점으로 작용할 수도 있다. 수사슴은 무거운 뿔 때문에 덤불에 걸리기 쉽고, 공작의 화려한 깃털은 적의 눈에 잘

띄며 도망갈 때에도 장애가 될 수 있다. 자칫 무의미한 것으로 보이는 이러한 매력 발산과 힘의 과시는 생존 경쟁에서 단점으로 작용하지만 성적 경쟁에서는 결정적 장점이 된다. 성적 경쟁에서는 죽느냐 사느냐보다 오로지 사랑에서의 승리만이 중요한 문제가 되기 때문이다. 동물들의 노래자랑, 미의 경연, 힘의 과시에서 '암컷 심사위원'들은 보통 가장 돋보이고 많은 부수적 강점을 갖춘 '사나이'를 짝짓기 상대로 고른다. 수컷은 생존에 필요한 기본 요소와 더불어 소모적인 사치를 한껏 뽐내며 암컷에게 신호를 보낸다. 그리하여 자신이 가진 무언가를 기꺼이 포기할 수 있는 힘, 말하자면 손실을 입고도 건재할 수 있는 능력을 보여주는 것이다. 수컷에게서 건강하고 튼튼한 새끼를 얻기를 기대하는 암컷에게는 이러한 힘이 큰 수컷일수록 한층 매력적이다. 암컷은 수컷의 건강을 나타내는 표시에서 아주 미세한 차이조차 간과하지 않는다는 사실이 입증되었다.

이런 메커니즘은 사람에게서도 마찬가지로 작용한다. 외적인 아름다움이나 힘뿐만 아니라 돈, 권력, 부, 재산, 겉으로 드러나는 소비와 화려한 사치 등에 서로 영향을 받게 된다. 페니스조차 이런 기능을 한다. 페니스의 겉모양은 번식과는 상관이 없는데도 그 크기는 다양하다. 굵고 길고 발기가 오래 지속되는 페니스가 반드시 더 우수한 정자를 더 많이 나르는 것은 아니다. 이러한 페니스는 그저 사치에 불과하다. 하지만 특히 젊은 남성들은 크기와 발기 능력을 과시하는 경향이 있다. 생물학적으로 보면 그러한 성기가 더 건강하게 보인다는 것은 충분한 근거가 있다.

모든 과시 행동의 목적은 자신의 유전자를 가능하면 성공적으로 전달하기 위해 구애를 하며 성적 매력을 발산하려는 데 있다. 이런 생물학적 기능은 삶의 현장에서 본래의 의미를 상실한 것과 마찬가지로 인류 역사의 진행 과정에서 문화적으로 변형되었다. 오늘날 생식기를 포함해 아름다운 육체와 여가시간의 화려한 소비 행태를 뽐내며 사치를 부리는 인간의 허세는 극락조나 꿩, 쓸데없이 화려한 공작의 깃털에 비견된다.

2

'얌전한 가축'이 될 수 없는 인간

문화 규범은 인간의 성생활에 없어서는 안 되는 것이다. 성적 충동 규제나 상대에 대한 존중은 문화적 행위의 전제조건이다. 게다가 사람 간의 거의 모든 관계가 성적 유혹을 일으킬 수 있다고 생각한다면 공공 생활을 원만하게 영위하기 위해서는 성적 충동을 억제할 필요가 있다. 예절이란 개인이 침해당하지 않도록 하기 위해 일정한 거리를 두는 법칙이다. 하지만 괴테는《젊은 베르테르의 슬픔》에서 다음과 같이 의문을 나타내기도 한다. '너무나 아름다운 사람이 눈앞에서 매혹적인 자태를 뽐낼 때 만지고 싶은 충동을 억제하기란 어려운 일이다. 손을 내미는 것은 인간의 자연스러운 충동이다. 어린 아이들도 자기 마음에 드는 것을 보면 손을 뻗치지 않는가?' 예를 들면 여자 동료의 가슴을 만지고 싶다거나 기차의 옆자리에 앉아 있는 낯선 사람을 만지고 싶을 수도 있고, 신호등 앞에 서 있는 여자나 남자를 안고 싶다거나 학부모 모임에서 만난 딸아이의 여선생님에게 키스를 하고 싶을 수도 있다. 또 여름날 길에서 노출이 심한 옷을 입은 사람을 보았을 때 침대로 데려가고 싶은 생각이 들 수도 있다. 하지만 실제로 그렇게 하지는 않는다. 사람은 대체로 서로 거리를 유지하는 관습이 머릿속에 깊이 각인되어 있기 때문에 이런 생각을 행동으로 옮기지는 않는다. 이처럼 마땅히 자제하는 태도가 없다면 공공 생활은 끔찍한 혼란에 빠지게 될 것이다.

프리드리히 니체가 인간을 일컬어 문화를 이용해서 과잉충동을 억제하는 '야생의 잔인한 맹수'라고 한 데에는 나름대로의 근거가 있다. 맹수에게는 비인간적인 것이 자연에 따르는 정상적인 행위다. 따라서 맹수는 정신과 이성 대신 원초적 본능과 욕망에 따라 행동한다. 그러나 여기에 사회제도와 관습이 적용되는 것이 인간세계다. 사회제도와 관습은 인간을 '얌전한 가축'으로 만들어준다. 교양을 갖춘 문화가 끊임없이 탐욕의 충동에 휘말리는 야수 같은 인간을 야만성과 분리시키는 것이다. 이런 탐욕의 어두운 힘을 무한정 허용하고 욕망을 제멋대로 두기에는, 인간에게는 추잡한 욕망이 너무도 많다. 따라서 개인이나 사회에는 인간의 잔인하고 거친 야수성을 억제할 수 있는 신뢰할

규범이 필요하다. 휴머니즘은 특히 동물적인 욕망의 위험한 충동을 억제시킨다. 삶의 불안한 충동은 냉혹한 잣대로 억누르는 것보다는 더 상위의 관습으로 제한해야 한다.

시민 윤리는 속박에서 벗어난 지나친 야만 행위적 행동양식을 배척한다. 예컨대, 마조히스트의 피학적인 쾌락적 고통이나 사디스트의 살이 찢기고 피가 튀는 가학적 욕구는 이러한 야만 행위에 해당한다. 또 처절한 절망에서 나오는 행위, 극단적인 웃음이나 춤으로 강박관념을 표출하는 것도 마찬가지다. 이런 야성의 힘은 전염성 있는 불안 요인으로 내외부의 검열을 거쳐서 문화의 배설물로 제거된다. 광기와 범죄 행위, 엑스터시는 치료를 받거나 감옥에 가두거나 예절로 통제해야 할 기분 나쁜 힘으로 간주된다.

인간은 힘이 지배하는 세상 밖에서 자신의 본능을 부분적으로 부정할 때만이 생존을 이어갈 수 있다. 이 때문에 교육을 받고 교양을 쌓아 동물적 욕구가 지나치게 발산되는 것을 막는다. 끊임없이 충동질하는 본능적인 욕구의 크기와 한계를 질서에 맞게 가다듬는 것이다. 그럼으로써 인간은 자신의 내적 야수성을 틀 속에 가둔다.

반복되는 일상 속에서 하루하루의 생활규범은 다소 혼돈스러운 행위를 이성적인 틀에 가둬놓기 위한 적절한 도구다. 이렇게 하기 위해서는 기업과 행정당국이 구성원이나 시민에게 요구하는 것과 마찬가지로 조직적인 훈련을 통한 규율이 요구된다. 이른바 수도원이나 군대에서 실시하는 규율과 훈련, 조련 등이 그 전형적인 예라고 할 수 있다.

금지규정을 비롯하여 일정한 행동규범의 훈련은 인간의 생존과 공동생활을 위해 불가피하다. 이러한 행동규범은 삶의 원활한 기능을 위한 틀을 제시함으로써 파괴적인 힘이 분출되는 것을 막아준다. 이 규범을 어길 때는 사회적 질책을 받거나 처벌이 따른다. 자연적인 힘의 폭력성이 유발할 수 있는 혼란은 금지규정에 따라 사회와 격리시킬 수밖에 없다. 하지만 처벌의 위협만으로 금지규정이 효과를 발휘하는 것은 아니다. 끓어 넘치는 자신의 생명 충동에 대한 불안과 공포도 금지규정을 거들기 때문이다. 불안을 유발하는 억누를 수 없는 정열과 주위를 경악하게 하는 생각, 수치스러워 얼굴을 붉히게 하는 꿈을 모르는 사람이 있을까?

비록 교육과 훈련을 받는다고 해도 인간에게는 옛날부터 잘못된 길로 가고자 하는 성향이 있다. 불안한 생명 충동에 대한 지속적인 통제가 어렵듯이 탈선욕구를 바로 잡고 본능적인 이탈 심리를 억제하기란 쉽지 않다. 모든 질서에는 허점이 있게 마련이다. 이 질서는 항상 불안정하고 균형이 깨지기 쉬운 상태.

엄밀히 말하면 어둠과 불법의 힘은 너무나 강력해서 언제든 일상을 침범할 수 있다. 하우프트만은 《열정의 서》에서 '인생에는 따로 정해진 도식이 없다. 그 무수히 많은 가지를 다 그릴 수 없기 때문이다'라고 말한다.

우리 인간의 마음속에는 끊임없이 한계를 뛰어넘으려는 파괴적인 충동이 도사리고 있다. 이 충동은 열정의 폭력성을 죽음의 한계까지 몰고 갈지도 모르는 엑스터시에 대한 욕구다. 우리는 자극적인 모험을 추구할 때도 있고, 때로는 쾌감을 주는 공포, 스릴 넘치는 위험 상황, 짜릿한 흥분을 맛보려고 한다. 이처럼 스트레스로 인해 분열된 감정이 끔찍한 공포와 즐거운 행복감을 하나로 융합할 때 개인은 중대한 심리적 시련에 빠질 수 있다. 여기서 이른바 공포의 쾌감, 기분 좋은 전율과 불안한 만족이 나온다. 극도의 긴장감과 폭발적인 긴장해소의 물결 속에서 호르몬이 분비된다. 말하자면 인체 자체에서 생산하는 모르핀이라고 할 수 있는 아드레날린과 엔도르핀이 분비되는 것이다.

그렇다고 누구나 억제되지 않은 충동을 분출할 수 있다는 환상에 빠져서는 안 된다. 이런 환상은 자유주의적인 사회에서도 용납하지 않는다. 인체의 은밀한 곳에서는 무질서한 욕망이 끊임없이 기어 나온다. 피하기 힘든 유혹이나 매력, 자극에 대한 욕망, 성적인 일탈과 무분별한 향연에 대한 욕구는 규제된 일상의 질서와 상반되는 것이다. 우리 인간은 통제된 자기주장의 가능성뿐만 아니라 충동적인 자포자기의 기회도 함께 추구한다. 또 야성적인 도취감을 충족할 수 있는 존재의 비등점과 강렬한 일탈을 꿈꾸기도 한다. 우리 문화에서 제공하는 스포츠와 오락, 음악, 모험, 특히 섹스와 사랑이라는 주제는 이런 욕구와 관련된 다양한 가능성이라고 할 수 있다. 일찍이 이교도적인 제물 의식이라든가 디오니소스 축제, 종교적 의식이나 도취감도 여기에 해당된다고 볼 수 있다.

엄격한 터부는 무아지경에 빠지려는 욕구를 억제시킬 수 있지만 일시적인 것에 지나지 않는다. 따라서 모든 사회는 외설과 음란과 같은 정서적인 동요를 해소할 만한 충분한 여유 공간을 마련해야 한다. 이를테면 저속한 행위와 마음껏 고함을 지를 수 있는 욕구의 배설 공간이 필요한 것이다. 우리는 이런 거친 행동 양식을 통해 욕구를 발산하고 공격적인 본능을 즐길 수 있다. 그러므로 이처럼 욕구배출을 위한 장치와 함께 사회 관습과 규범을 지속적으로 일깨울 필요가 있다.

많은 작가들의 생애와 작품에서 예의 바른 일상을 벗어나는 행동은 중요한 역할을 하기도 했다. 예를 들어 바이런 경Lord Byron 은 이렇게 말한다. "인생의 커다란 목표는 느낌을 갖는 것이다. 비록 고통스러울지라도 우리가 존재함을 느끼는 것이다. 우리를 오락과 싸움, 여행으로 내모는 것은 공허한 동경이며, 구속받지 않으면서도 강렬한 느낌을 주는 온갖 시도를 통해 우리는 허무를 맛본다. 이때의 자극은 흥분과 떼려야 뗄 수 없는 관계에 있다."

그럼에도 오랜 세월 동안 관습과 규범을 벗어나는 일탈은 경멸의 대상이 되어왔다. 이런 일탈로 말미암아 생존권을 박탈당하는 경우도 있었다. 추잡한 욕망은 배척당했고, 무가치한 것으로 규정되거나 이성의 쓰레기로 치부되었다. 시민사회의 문화는 이렇게 무절제한 욕구를 발산하는 자의 시민권을 박탈했다. 옛날부터 야만성과 마성적이고 무절제한 행위를 배척해왔지만 이런 행위는 그치지 않았다. 오히려 이와는 반대로 인간은 늘 도가 지나친 열정과 금지된 환상에 사로잡혀 검증되지 않은 의식을 발산했다.

고대 로마의 아레나 경기장은 복싱이든 투우나 축구 경기든 갖은 폭력성을 낳고 기르면서도 제한하는 곳이었다. 이런 점에서 엄청난 표현력을 가진 육체에 대한 인식은 인간에게는 기초적이면서도 떨쳐버리고 싶은 진실에 속한다. 인간의 몸은 성적 욕망, 억제되지 않은 욕구, 유혹, 호기심 어린 대담성에 대한 이미지와 상징 그 이상의 것이다. 인간의 몸은 자체로 관능적인 쾌락과 전율, 위험을 감수하는 기관이다.

그동안 무수히 많은 관습과 제도 그리고 윤리, 종교, 의학은 인간의 야성적인 본성을 억제하기 위해 높은 댐을 쌓았다. 윤리와 종교와 의학은 문화적인 수문을 만들어 본능의 힘을 조절함으로써 야성을 길들여왔다. 또 자제력을 독려하는 규범과 바람직한 행동 성향을 유도하기 위해 효과적인 치료방법을 개발했다. 이런 장치는 신체에 뚜렷한 흔적을 남기는 금욕이나 고통과 슬픔, 죽음에 대한 두려움을 견딜 수 있게 해준다. 인간이라면 누구나 욕망의 노예가 되거나 운명의 힘에 쓰러져서는 안 되며 자기절제와 냉정, 침착성을 유지하는 것이 중요하다.

이제 인간의 몸은 다양한 규율을 수용함으로써 개개인에게 순종하고 경제적으로 효율적인 동시에 성숙하면서도 사회 친화적이 되었다. 적당히 자유로운 이런 교육과 훈련 조치가 행동양식을 자동화하고 표준화시키기 때문에 거친 야성이 들어설 자리는 거의 없다. 그럼에도 시민 사회는 사회 부적응자나 사기꾼, 극단적인 모험을 즐기거나 처세에 능한 자 등 어리석은 인간을 다양하게 허용한다. 다만 독재적인 왕이나 잔인한 사형집행, 사도마조히스트적인 매춘, 극단적인 순교 행위, 광신적인 장군, 미치광이와 다를 바 없는 천재 등 극한의 행위를 하는 자는 거부한다. '일반 시민에게는 행동기준이 주어져 있으며 이 기준을 벗어날 수 있는 권한은 없다'라고 장 아메리Jean Améry는 언급한 바 있다. 시민 사회는 적당한 중용에 가치를 둔다.

인간 본성에 잠재된 근본적인 힘은 극단의 폭력성을 가둬놓는 문화의 울타리를 끊임없이 뛰어넘는다. 본능과 질병, 죽음의 힘, 이 세 가지는 인간을 불안에 떨게 만들며 동시에 강력한 흡인력을 갖고 있다. 그러므로 열정과 쾌락, 욕구에 사로잡히고 질병이나 죽음과 같은 운명에 압도되는 것도 인간의 특징이라고 할 수 있다. 이런 경험을 통해 우리는 현실 세계의 강력한 힘을 피부로 느끼게 된다. 특히 격정적인 사랑을 하는 개인에게 이런 경험은 유난히 강렬하다.

3

사랑에도 지급만기일이 있다

사랑의 광증 그리고 비탄

실제 체험보다는 흔히 꿈으로 묘사되게 마련인 위대한 사랑은 분명히 존재한다. 그것은 테오도르 폰타네Theodor Fontane가 비웃는 것처럼 '바보 같은 소리'가 결코 아니다. 하지만 위대한 사랑은 대부분 환상이나 소설, 영화에서만 존재한다. 그럼에도 불구하고 인간은 끊임없이 두 사람만의 만족스러운 관계를 동경하며 평생 은밀한 관계를 나누고 싶은 파트너를 찾아내 자신의 곁에 잡아두려는 욕구에 사로잡힌다. 흔히 이런 꿈은 우연히 길에서 마주쳤다가 자세히 알기도 전에 사라져버리는 사람에게 투사되는 경우가 많다. 이렇듯 순간적인 만남은 끝까지 경험하지 못하고 놓쳐버린 행운과도 같다. 쿠르트 투콜스키는 이와 같은 일상적인 아쉬움을 《대도시의 눈》에서 다음과 같이 인상적으로 묘사하고 있다.

'이른 아침 출근길 기차역에서 초조하게 기차를 기다릴 때, 수많은 사람들로 붐비는 도시는 당신에게 수많은 얼굴을 보여준다. 스치듯 눈길이 부딪친 낯선 갈색의 두 눈동자, 눈썹…… 그 얼굴은 무엇이었을까? 어쩌면 당신의 행운은 지나가고 다시는 돌아오지 않을지도 모른다.'

마음이 끌리지만 자신의 관심에 무반응인 상대를 제3자가 좋아하는 것을, 불행한 사랑은 견디기가 힘들다. 이때는 갑자기 외톨이가 된 느낌이 들고 행운을 빼앗기거나 도둑맞은 기분이 든다. '알베르트가 가냘픈 로테의 몸을 안았을 때 내 온몸에는 전율이 흐른다'라고 괴테는 로테에게 빠진 베르테르의 절망을 토로한다. 건강한 인간의 이성으로 볼 때 이런 문제는 아주 간단히 해결될 수 있다. 그것은 오직 사랑의 가능성이 있느냐 없느냐에 달려 있다. 가능성이 없다면 빨리 그 상황에서 벗어나야 한다. 하지만 연모하는 상대의 매혹적인 모습이 자꾸만 눈앞에서 어른거리는데 사랑을 포기하고 관심을 떨쳐버리기란 결코 쉬운 일이 아니다.

사랑은 보통 자신의 의지와는 전혀 상관없이 갑자기 엄습하게 마련이다. 짜릿한 행복감에 젖게 하는 사랑의 광증은 분명한 모습을 띠며, 왔다가 사라질 때도 역시 자신의 의지와는 아무 상관이 없다. 이런 광증이 생기게 되면 누구나 어찌할 바를 모른다. 아무리 정신을 차리려 해도 힘만 낭비할 뿐이다. 사랑에 빠진 사람은 그 사랑의 상대만 있으면 무슨 일이든 할 수 있을 것 같은 기분이 든다. 이런 기분 때문에 사랑은 위험한 정열로 변한다. 왜냐하면 무방비 상태로 사랑에 빠진 사람은 이 사랑 때문에 극도의 불행과 엄청난 실망을 맛보게 되기 때문이다. 그리하여 강렬한 사랑의 감정에는 상처받는 의식이 따른다. 이런 예를 보여주는 문학작품은 헤아릴 수 없이 많다. 이미 2천 년 전에 갈루스, 티불루스, 프로페르티우스, 오비디우스는 로마의 비가悲歌에서 자신들의 사랑에 선뜻 응하지 않는 아름다운 여인과의 고통스러운 경험을 비탄하고 있다. 결국 그들은 이 여인들의 노예나 다름없는 상태로 전락하고 만다.

　오늘날 우리는 모든 매력에는 (눈이 맞았다든가 첫눈에 반했다는 감정도 마찬가지로) 신이나 마법의 힘이 아니라 체내의 물질이 작용한다는 사실을 알고 있다. 물론 괴테의《젊은 베르테르의 슬픔》에서는 '단지 지나가는 환상의 그림자에 지나지 않는다 해도 이 그림자는 언제나 우리를 행복하게 한다'라는 말이 나오기는 한다.

43

수천 년 동안 사람들이 사랑의 묘약을 믿어온 것은 사랑의 정열을 일으키는 진정한 원인을 몰랐기 때문이다. 사랑을 할 때는 우리 몸 자체에서 사랑의 묘약이 만들어진다. 사랑하는 두 사람이 그저 '데이트'만 해도 이 데이트는 어느새 마법의 '만남'으로 변한다. 막 사랑에 빠진 사람은 두 사람의 우연한 만남을 기꺼이 행복한 운명이라고 여긴다. 그리고 시간이 지나면서 이 사랑은 딱히 이유를 말할 수는 없지만 필연적인 것으로 보인다. 하지만 생리학적으로 판단하자면 사랑은 단순히 체내의 전달 물질로 이루어지는 것이다. 도니제티^{Gaetano Donizetti}가 쓴 오페라 《사랑의 묘약》이나 바그너^{Richard Wagner}의 《트리스탄과 이졸데》에서처럼 두 사람의 넋을 잃게 만든 사랑의 묘약은 어쨌든 외부에서 주입되는 것이 아니다.

그럼에도 불구하고 유유상종의 원칙이 통할 때도 있고 '극과 극은 통한다'라는 규칙이 맞을 때도 있다. 사랑의 모험에 빠진 두 사람은 시간이 지나면서 서로 비슷하거나 다른 연모 또는 혐오의 감정을 드러낸다. 그러면서 왜 처음에는 서로 깊은 이해도 없이 그토록 많은 대화를 나누고 싶어 했는지 이유를 알지 못한다. 사실 복잡한 이유가 없어도 사랑의 감정은 생기는 법이다. 이렇게 일치된 감정과 더불어 신뢰가 싹트면서 서로 상대에게 공감하고 일체가 된 느낌을 맛보게 된다. 또한 상대의 습관이나 의견도 흔쾌히 받아들이는 경우가 많다. 이런 습관과 의견이 상대를 기억나게 해주기 때문이다. 헤르만 헤세 Hermann Hesse는 '모든 시작에는 마력이 깃들어 있다'라고 말한다. 이처럼 모든 가능성이 주변에서 맴도는 것 같은 기분에 빠진다. 게다가 이 가능성은 끝이 없게 느껴진다. 이것은 특히 원시적인 사랑을 되살릴 수 있다는 희망이 있을 때 그러하다.

막 사랑을 시작했을 때는 꿈처럼 달콤한 온갖 약속이나 아무도 손대지 않은 보물로 가득한 마법의 상자를 대하는 느낌이 든다. 일단 사랑의 번갯불에 맞으면 초기에 발생한 모든 일화가 수없이 반복해서 칭송되며, 막 사랑에 빠진 사람은 최면에 걸리고 감전된 느낌을 받는다. 이들은 정신이 마비되고 흥분한 상태에서 거센 감정의 파도에 휩쓸린다. 그럼으로써 완전히 이 감정에 사로잡힌다. 서로 기진맥진할 때까지 침대에 누워 있지만 잠이 들지는 않는다. 이 행복한 시간에 최초의 황홀한 상태가 끝난 직후 두 사람은 깊은 일체감을 맛본다. 그리고 이 황홀감 속에서 두 사람은 바깥세상과 차단된 기분으로 서로가 상대를 완벽하게 조화로운 유일한 파트너로 이상화한다. 또한 각자 나름대로 달콤한 꿈에 젖어 상대가 이 행복의 근원이라고 과대평가하며 올바른 선택을 했다고 확신한다. 그러면서 두 사람은 다른 누구보다 더 강력한 운명의 끈으로 연결되어 있다고 느낀다. 이런 감정이 격해지면 심지어 만난 지 얼마 되지 않은 사이인데도 그전부터 서로 그리워했다는 착각에 빠진다. 이런 감정은 좀 더 일찍 상대를 소유하지 못한 것을 아쉬워하며 엉뚱하게 질투의 화살을 과거로 돌리기도 한다. 또 이 순간만큼 강렬한 사랑을 느낀적이 없다고 생각한다. 로미오는 줄리엣을 보았을 때 "지금까지 내 마음이 사랑을 받았던가? 내 눈길이여, 오늘밤 이전까지는 결코 진정한 아름다움을 보지 못했다는 것을 부인할 텐가!"라고 넋을 잃고 읊조린다. 지금까지 상대방 없이도 잘살아왔다고 생각한 사람은 이제 잘못된 것임을 깨닫는다.

이러한 과장된 생각은 초기의 달콤함에 책임이 있으며 이 단계에서는 어떠한 난관도 느끼지 못한다. 니체는 이에 대해 '사랑은 사랑하는 사람의 숨겨진 고귀한 특성을, 보기 드물고 예외적인 강점을 노출시켜준다. 이런 상태에서 사랑은 그 사람의 평소의 모습을 속인'라고 적절하게 지적하고 있다. 이처럼 두 사람은 마법에 걸린 듯 황홀한 기분을 맛보며 상대의 전체를 사랑하는 것인지 아니면 어떤 일부의 특징 때문에 사랑하는 것인지 알지 못한다. 하지만 단지 신체의 일부나 자신의 미소, 목소리, 얼굴 때문에 사랑받고 싶은 사람은 거의 없다.

또 상대가 가진 어떤 측면이 자연스럽게 자신의 욕구와 맞기 때문에 서로 어울린다고 생각한다. 이 시기는 서로 상대를 위해 자신을 요란하게 꾸미고 공들여 치장하는 단계다. 이 과정에서는 서로 인정을 받기 위해 갖은 노력을 기울인다. 아무리 사소한 사건이나 장면, 제스처라도 사랑하는 사람과 관계되는 것이면 모두 중요한 의미를 갖는다. 때때로 사소한 것에 행복해하고 슬퍼하거나 불안해하며 마음의 상처를 받는다. 극히 사소한 것이 뜨거운 불꽃이 되는 것이다.

초기 단계에서는 사랑하는 상대가 손댄 물건은 상대가 없을 때 위로를 주는 대리 역할을 한다. 예컨대 상대가 입던 티셔츠는 사랑의 기념품이나 또는 사랑의 증거물로 애지중지된다. 괴테의 작품 속에서 베르테르가 로테가 건네준 쪽지를 고이 간직하는 것도 이런 의미다. 그리고 만날 수 없는 마가레테에 대한 그리움으로 몸이 야위어가는 파우스트는 메피스토에게 이렇게 말한다. "그녀의 가슴에 걸친 목도리를, 내 사랑이 걸친 양말을 만들어주게!" 사랑하는 사람의 얼굴은 물론 미소와 목소리조차도 행복에 필요한 요소인 것이다.

사랑하는 사람이 기뻐하면 함께 기뻐하며, 그 사람이 괴로워하는 모습을 보면 덩달아 괴로워한다. 현대과학은 이런 공감을 거울신경세포의 작용으로 설명하고 있다. 이 이론에 따르면 상대의 기쁨과 슬픔을 보게 되면 자신의 뇌에서도 다소 약화된 상태로 똑같은 신경세포가 활동을 벌이게 된다. 신경세포가 자극을 받으면 상대의 정서적 움직임을 단순히 수동적인 태도로 보는 것이 아니라 능동적으로 그 과정을 경험한다. 무엇보다 사랑에 빠진 사람은 상대의 삶을 민감하게 받아들이며 연모의 관계라는 특징을 띤다. 니클라스 루만 Niklas Luhmann은 이것을 '인간 사이의 상호침투'라고 표현한다. 이때 '한 사람에게 관계된 일은 거의 언제나 상대와도 관계를 갖게 된다.' 뜨거운 사랑을 위해서는 기꺼이 시간과 에너지를 아끼지 않으며 돈이라든가 오랫동안 쌓아온 우정을 희생할 때도 많다. 하지만 현재 상황에 대한 집착은 흔히 상대가 이런 희생을 진정 기뻐할지에 대하여 고통스러운 의문을 제기한다.

사랑을 유지하는 한, 상대와의 만남 하나하나가 기대를 충족시켜주고, 하나의 축제나 다름없다. 이런 점에서 사랑한다는 것은 서로 축제를 즐기는 것이라고 볼 수도 있다. 이 축제의 장에서 두 사람은 질서와 일정한 목표 없이도 낭만적인 순간의 연속, 순수한 욕망, 관능의 파도에 휩쓸린다. 사랑하는 사람은 이 넘쳐흐르는 욕구에 도취되어 자신의 능력과 시간을 고려하지 않고 엄청난 에너지를 소모한다. 사랑의 도취는 중용을 모른다. 사랑의 도취는 균형 상실이며 거기에 빠진 순간 멈추려 해도 손을 쓸 수 없는 광기이다. 불타는 사랑은 흡인력이 강한 자석처럼 서로를 끌어당기는 강박증이다. 두 사람의 머릿속에서는 쾌락의 감정이 갈수록 도를 더해가며 통제되지 않는 욕정에 사로잡히게 된다. 사랑을 속삭이는 입술이나 격정의 파도뿐만 아니라 매혹적인 자태를 드러내는 벌거벗은 육체도 이런 마법에 속한다. 매혹적인 자태를 보면 서로 동조자가 되어 애틋한 욕구에 불을 지핀다. 사랑에 빠진 사람은 부드러운 미소를 띠고 정욕으로 몸을 떨며 얼굴을 맞대고 바라보기를 즐긴다. 마주 바라볼 때의 이루 말할 수 없는 기쁨은 욕구가 점점 강해짐에 따라 거의 견딜 수 없는 고통으로 변한다. 일단 사랑이 뜨거운 불꽃으로 점화되면 성적 충동에서 서로 완전히 일체가 되려는 욕구가 끊임없이 일어나며 이때 육체는 환희의 위력에 내맡겨진다.

플라톤은《향연》에서 합일에 대한 충동을 진기한 신화를 통해 설명하고 있다. 태초에 인간의 모습은 공처럼 둥글었으며 얼굴은 두 개였고 다리와 귀는 네 개였다고 한다. 그때 인간은 힘이 세고 모험심이 강해서 하늘로 올라가 신들을 모독하려고 했다. 그러자 제우스는 인간의 힘을 제한시키고 벌을 주기 위해 인간을 반으로 나누어 각기 남자와 여자로 만들었다.

"이런 식으로 몸이 반으로 갈라지자 인간은 나머지 반쪽을 찾으려는 강한 동경이 생겼다오. (……) 벗들이여, 이때부터 과거의 본성을 찾고 다친 몸을 치료해 두 개의 몸을 하나로 합칠 목적으로 인간의 몸속에는 에로스가 깃들게 된 것이라오."

　신화에 빗대어 사랑에 빠진 상태를 풀어본다면, 온전한 몸을 회복하려는 떨칠 수 없는 욕구가 생기는 것으로 볼 수 있다. 사랑에 빠진 사람을 사로잡는 그리움은 상대에 대한 불타는 동경으로 표현된다. 이들은 정욕의 파도에 휩쓸려 그 속에서 사랑하는 상대를 정면으로 보고 싶어 한다. 인간은 얼굴을 맞대고 섹스를 하는 유일한 동물이다. 완벽하게 하나가 되려는 이룰 수 없는 꿈은 야성의 정열을 광란으로 변화시킨다. 이 광란 속에서 인간은 자신을 녹여 기꺼이 하나가 되려고 하며 황홀경 속에서 죽고 싶어 할 정도로 하나가 되는 꿈에 집착한다. '사랑에 대한 의지, 이것은 죽음에 이를 때까지 멈추지 않는다'라고 니체는 말한다. 이렇듯 몰락도 마다하지 않는 심리는 형용할 수 없는 희열에서 나오는 것으로 희열을 맛봄으로써 관능적인 욕구는 한계를 넘어 지나칠 정도로 강한 충족을 요구한다. 이것이 그 순간 영원히 멈추지 않을 것만 같은 정욕을 포기하지 않은 상태에서 최고의 만족을 맛보는 마법의 시점이다. 끝없는 쾌락 속에서 물러섬이 없이 몰아의 경지에 이른다면 행복할 것이다.

　사랑의 기술은 바로 그 동경 자체를 지속적으로 충족하는 능력이다. '사랑하는 사람을 홀로 품에 안을 때 사랑은 고귀한 생명력의 순수한 불꽃이 된다'라고 낭만파 시인 프리드리히 슐레겔 Friedrich Schlegel은 《루신데》에서 말하고 있다.

이런 축복을 지속할 수만 있다면 일상은 아무래도 상관없다. 현실의 세계는 멀리 바깥세상에 머무를 수밖에 없다. 바그너의 《트리스탄과 이졸데》에서 '세계 이탈'이라고 불리는 이 현상은 이들을 사랑에 빠트리고 달콤한 욕구 속에서 하나가 되게 한다. 드높은 사랑의 욕구를 보여주는 이런 의식儀式은 보통 시간적으로나 공간적으로 또 사회적으로 외부세계와 격리된 환경에서 발생한다. 세상과는 떨어진 사적私的인 공간으로 격리되며 시간적으로도 일상적인 세계와 구분된다. 사랑의 행위는 주로 밤에 이루어지지만 낮을 밤처럼 여길 때도 일어난다. 이때는 마치 커튼을 치고 등불을 희미하게 밝힌 비밀 도박장처럼 한낮의 햇빛은 그저 문이나 창문의 틈으로만 새 들어올 뿐이다. 그런 속에서 번잡한 일상사는 바깥세상의 일에 지나지 않는다.

그들이 함께하는 순간순간 모든 것이 충만해 있다. 둘로 갈라진다는 생각은 전혀 상상할 수도 없다. '그대와 나, 우리는 영원한 하나!'라고 트리스탄과 이졸데는 축성祝聖의 밤에 맹세한다. 모든 동경의 목표, 완벽하게 하나가 되는 꿈은 거의 현실화된 것처럼 보인다. 트리스탄은 '나는 이제 트리스탄이 아니라 그대가 트리스탄이고 내가 이졸데라오'라고 노래하며 이졸데는 똑같이 '이제 나는 이졸데가 아니라 그대가 이졸데고 내가 트리스탄이에요'라고 화답한다. 이 같은 몰아의 경지를 하나의 개념으로 나타내기란 불가능해 보인다.

하지만 완벽한 욕구충족이란 있을 수 없으며 다만 완벽에 접근할 수 있을 뿐이다. 온몸을 다 바쳐 상대와 공생하고 싶다고 해도 완벽할 수는 없다. 이런 사실을 에두아르드 뫼리케^{Eduard} 는 〈새로운 사랑〉에서 이렇게 노래한다. '인간은 지상에서 자신이 원하는 다른 사람이 될 수 있을까? 밤새도록 생각해보았지만 불가능하다고 말할 수밖에 없다!' 설령 마음속 깊은 곳까지 일체가 된다 해도 마지막 일부는 충족되지 않은 채로 남을 수밖에 없다. 상대를 완벽하게 소유하는 것은 물론 자신으로부터 완벽하게 해방되는 것도 실패한다. 사랑하는 사람끼리 환희에 빠져서 벌거벗은 존재에 열정적으로 몰두할 때의 오르가슴은 절정을 의미하지만, 그것은 동시에 정욕의 끝이며 평온과 탈진 상태이기도 하다.

유기체에 중노동 같은 노력을 추가하는 사랑의 광증이 꼭 눈을 멀게 하는 것만은 아니다. 오히려 자기 자신에 대해 눈을 뜨게 해주기도 한다. 사랑의 마력은 감정이입 효과를 발휘해 자신의 삶을 전혀 다른 방식으로 느끼게 해준다. 사랑하는 상대와 함께 있을 때면 자신을 보다 더 많이 느끼고 다른 때보다 자신을 더 많이 경험한다. 여기에 딱 들어맞는 헤겔의 그럴 듯한 표현이 있다. '사랑의 진정한 본질은 자신의 의식을 포기하고 다른 자아로 들어가 자신을 잊는 데 있다. 하지만 이 소멸과 망각 속에서 비로소 자아를 발견하고 소유하게 된다.' 프리드리히 슐레겔도 비슷한 표현을 한다. '두 남녀는 완전히 상대에게 몰두하여 하나가 되었지만 과거 어느 때보다 각자 고유한 자신의 모습을 찾았다.' 이처럼 상대 속에서 서로 자신을 발견함으로써 상대와 더불어 어느 정도 한계를 벗어나 합일될 뿐만 아니라 궁극적으로는 상대가 없이도 걱정과 불안이 없이 홀로 존재하는 것이 가능해진다.

하지만 시간을 초월해 사랑을 결속하려는 은밀한 희망은 이 고귀한 사랑의 감정에 고통을 안겨줄 수도 있다. 막 사랑에 빠진 사람은 평온을 유지하지가 힘들다. 비록 마음속 깊이 상대와 일체감을 이루어 고통스러운 이별의 불안을 극복했다고는 해도 다음에 만나는 시간까지 그리움으로 번민한다. 상대가 없을 때는 마치 끊임없이 귓가에 맴도는 멜로디처럼 그 사람을 못 잊어 이 생각 저 생각으로 온밤을 뜬눈으로 새운다. 마음 깊은 곳에서는 갑자기 고독감이 치밀어 오르며 뜨거운 연정이 시도 때도 없이 솟구치는 바람에 거의 숨이 막힐 지경에 이른다. 홀로 있다는 것은 견딜 수 없는 괴로움이며 상대가 곁에 있을 때만 이 고독감은 해소될 수 있다. 하지만 헤어지지 않는다 해도 지속적으로 위로를 주는 행위란 있을 수 없다.

롤랑 바르트Roland Barthes는 '눈물은 연인들의 정상적인 신체 현상의 일부'라고 말한다. 바르트에 따르면 애정 고백은 의사 전달이라기보다 탄식의 표현일 때도 종종 있다. 사랑하는 사람은 "당신을 사랑해"라는 고백만 듣고 싶어 하는 것이 아니라 "당신을 영원히 사랑할 거야"라는 맹세를 듣고 싶어 한다. 그리고 실제로 그렇게 되기를 바란다. 이에 대해 오스카 와일드Oscar Wilde는 냉소적으로 덧붙인다. '항상 사랑 타령이다. 정말 끔찍하다. 사랑한다는 말을 들으면 등골이 오싹해진다. 여자들은 사랑이라는 말을 좋아한다. 여자는 사랑의 환상이 영원히 지속될 것처럼 행동함으로써 그 환상을 손상시킨다.'

영원에 대한 신념만큼 인간의 삶을 힘들게 하는 것은 없다. 그럼에도 불구하고 사람들은 대개 영원한 행복의 희망이 담긴 맹세를 좋아한다. 하지만 영원을 믿는 사람은 그리 많지 않다.

사랑에 싫증을 느껴 헤어질 수도 있다는 생각은 사랑하는 사람의 마음을 쓰라리게 한다. 이들에게는 어느 날 상대가 자신의 곁에서 사라질지도 모른다는 생각은 견딜 수 없는 것이다. 그렇게 되면 사랑하는 상대뿐만 아니라 모든 것이 의미를 잃게 된다. 이런 일은 생각만 해도 끔찍하다.

사랑하는 사람이라면 누구나 '당신을 사랑해'라는 말이 머릿속에 맴돌지만 대부분 입 밖에 내지 않는 까닭은 이 말이 상투적이고 유치하게 들리기 때문이다. 이렇게 획일화된 표현에는 "나도 사랑해"라는 대답이 반사적으로 튀어나와 그다지 효과를 발휘하지 못한다. 어쩌면 사랑에 걸맞은 표현으로 상대를 찾기란 불가능할 것이다. 뿐만 아니라 이 말로 인해 자신을 지나치게 노출하게 되는 것은 아닌지 불안하기도 하다. 사랑의 말은 언제나 보장성도 없고 안전망도 없는 극단적인 경계에 놓인 것이다. 때때로 이 말은 그 속에 상대를 가두고 부드러운 애무를 할 때처럼 꿈틀거리는 욕정을 노출한다. 자신의 입으로 *끈끈한* 사랑의 말을 뱉기가 쉽지 않기 때문에 뜨거운 고백을 하는 대신 간접적으로 표현하는 사람도 많다. 이들은 "당신을 사랑해"라고 말하지 않고 그저 단순하게 "당신 생각을 했어"라든가 "당신이 보고 싶었어!"라고 말한다. 사랑의 말을 완전히 포기하지는 않은 채 제스처나 시선, 표정으로 사랑의 뜻을 부드럽게 전달하는 것이다.

또 자신의 마음속에서는 정열이 불타는데도, 또는 바로 그렇기 때문에 무관심을 가장할 때도 많다. 노골적인 애정고백을 하면 한발 물러서는 사람도 있기 때문이다. 상대를 독점하려는 욕구는 오히려 서로의 관계를 약화시킬 수도 있다. 상대를 자신의 곁에 단단히 붙잡아놓으려고 할수록 상대는 더 멀어질 수도 있으며, 자신의 굳건한 사랑을 고백할수록 사랑의 기회는 더 줄어들 수 있다. 자신의 내면에 깃든 열정과 불안, 감정의 동요를 상대에게 노출할 것인지 말 것인지, 노출하면 어느 정도 할 것인지는 상황에 따라 근본적으로 큰 차이가 있다.

사랑의 감정이 상대를 부담스럽게 하지 않을까 싶은 불안 때문에 자신의 감정을 감춰야 할까? 만약 상대의 반응이 자신의 기대에 못 미치거나 전혀 반응을 보이지 않는다면 그 실망감을 안고 어떻게 산단 말인가? 아무 반응도 얻지 못하고 자신의 민감한 감정이 무시당한다면 그땐 어떤 태도를 취해야 하는가? 아무리 은밀하게 행동하려 해도 동경과 불안, 열정을 숨기기란 쉽지가 않다. 이미 목소리와 눈빛에서 그런 감정이 드러나기 때문이다.

사랑은 세상이 무너져도 걱정하지 않을 만큼 위로를 안겨주는 신앙과도 같다. 또 사랑은 명예욕과 야심, 성공에 대한 의지와 도전정신을 강화시켜준다. 가깝거나 먼 모든 추억은 사랑 앞에서 의미를 상실하며 평소에 걱정거리만 안겨주던 모든 사람이 이제는 걸림돌이 되지도 않고 그림자처럼 떠돌 뿐이다. 삶을 사랑에 바친 사람에게 나머지 모든 것은 아무런 의미가 없다. 사랑은 둘 사이를 훼방하는 모든 일상사나 친구를 비롯해 직업, 취미에 대해 질투를 불러일으킨다. 사랑은 종종 위로가 아니라 불신을 안겨주기도 한다. 경쟁자에 대한 악의, 염탐, 평가절하는 사랑에 흔히 나타나는 현상이다. 이런 감정의 배후에는 대개 상실과 이별에 대한 두려움, 노예적인 종속의 느낌이 도사리고 있으며 특히 사랑하는 사람이 곁에 없을 때는 고통을 맛본다. 상대의 육체에 대한 그리움 또한 크다. 상대가 곁에 없을 때 끝없이 삭막한 나날을 보내며 심각한 우울증에 걸리기도 한다. 그리고 부러 다른 일에 몰두하려고 애를 쓴다. 롤랑 바르트의 적절한 표현을 빌리자면, 이때는 자신의 모습이 쓸쓸한 기차정거장 모퉁이에 놓인 채 주인이 찾아가지 않는 짐 같다는 생각이 드는 것이다.

애인의 전화를 기다리거나 아니면 그 사람이 어떤 장소에, 혹은 출장에서 돌아오기를 기다리면서 무작정 기다려야 하는 것만큼 잔인한 것도 없다. 이때의 초조감은 자신이 사랑하는 만큼 상대는 자신을 사랑하지 않는다는 느낌을 갖게 만든다. 이럴 때 불쑥 한 가닥 불안의 그림자가 떠오른다. 그리고 슬그머니 걱정이 되면서 약속시간이나 장소에 오해가 있지 않았는지 자문해 본다. 시간이 갈수록 불안은 점점 커진다. 다른 일을 하려 해도 도무지 일이 손에 잡히지 않는다. 이미 사랑의 노예가 된 이 사람은 아무 생각 없이 책이나 잡지를 뒤적이거나 텔레비전 채널을 이리저리 돌리기도 하고 창문을 내다보거나 방안을 서성거린다. 외부적인 행동을 취함으로써 내부의 고통을 가라앉히려고 애를 쓰는 것이다.

그러다가 애인이 오거나 연락이 닿으면 언제 그랬냐는 듯 안

도의 한숨을 내쉰다. 하지만 한참이 지나도록 아무런 연락도 없
으면 불안한 가운데 슬며시 질투심이 생기며 걱정은 급기야 분
노로 변한다. 이때는 이런저런 생각 때문에 아무것도 하지 못한
다. 머릿속이 복잡하여 어찌할 바를 모르는 것이다. 혹시 자리를
비우면 전화를 받지 못할까 봐 노심초사하며, 게다가 상대의 휴
대전화가 꺼져 있는 것을 알면 화가 치밀어 오른다. 그러다가 만
약 상대가 나타나거나 연락이 오면, 싸움까지는 아니어도 상대
에게 비난을 퍼붓는다. 하지만 애인은 오지 않고 시간이 계속 흐
르면 마침내 깊은 슬픔에 빠져 자신이 버림받았다는 불안과 애
인이 다른 사람 때문에 오지 않는 것이라는 공포가 몰려온다. 아
무리 떨쳐버리려 해도 이런 생각이 머리에서 떠나지 않는 가운
데 자신을 향해 "이제는 끝이야!"라는 말이 저절로 터져 나온다.
동시에 애인이 낯선 사람의 품에 안겨 있는 환상이 떠오른다. 또
렷한 그림이 떠오르면서 고통스러운 예감이 가슴을 파고든다.

　이처럼 모든 애정 관계에는 사랑의 상처나 상실에 대한 불안
이 늘 따라다닌다. 때로는 사소한 오해가 커다란 파장을 일으
키기도 한다. 아주 사소한 오해라도 끊임없이 우울한 생각을
불러일으켜 본격적으로 열정의 불꽃을 타오르게 만드는 것이
다. 심지어 굴욕감과 더불어 버림받았다는 상상을 부추기면서
스스로 고통을 자초하는 사람도 많다. 사랑에 빠진 사람은 민

58

감하기 때문에 쉽게 마음의 상처를 입는다. 상처를 받으면 상대의 사랑에 의심이 일어나는데, 이러한 의심은 상대와 섹스에 몰입함으로써 비로소 사라진다. 사랑에 빠진 사람은 신앙심이 없어도 교회에 가서 촛불을 켜놓기도 하고, 꽃잎을 하나하나 떼어내면서 "내가 아직도 사랑을 받는다? 받지 못한다?"라는 식의 질문을 계속 반복하기도 한다. 비록 이미 사랑의 고백을 들었다 해도 확실한 보장을 받거나 악마의 훼방을 막기에는 부족하기 때문에 강박증 속에서 가슴을 파고드는 의심이 솟구치는 것이다. 사랑에 대한 욕구 속에 불안한 동요가 뒤섞이면서 고통스러운 불확실성이 부추겨지면 "얼마나 더 기다려야 한단 말인가? 그 사람의 사랑이 식은 것은 아닐까?"라고 혼자서 중얼거리기도 한다. 의식이 깬 사람일지라도 갑자기 미신에 의존하게 되는 것이다.

결국 애초의 사랑의 마력은 어느 틈에 사라지고 '영원한 사랑'은 덧없는 것으로 변하고 만다. 그리하여 서로 관심을 갖고 존중하던 시간은 점차 조각나기 시작하고 갑자기 그동안에 있었던 사소한 일을 트집 잡아 다투게 된다. 전보다 더욱 민감한 반응을 보일 뿐만 아니라 다정하게 대하고 싶으면서도 본의 아니게 상대를 몰아세운다. 그리고 비로소 과거에 맺었던 관계들을 떠올리며 이와 비슷한 반목이나 갑작스러운 부조화, 수수께끼 같은 소외감이 새삼 기억나며 이런 현상이 바로 이별의 초기 증상이었음을 깨닫는 것이다. 그러다 보면 화해의 대화를 나누어야 할 시점에 서로 비난을 일삼으며 상대의 말을 아예 들으려고도 하지 않는다. 이렇게 불화할 때는 서로에 대한 이해는 아랑곳없이 누가 더 목소리를 크게 내며 주도권을 쥐고 결론을 내리는가에만 집착한다. 서로 상대를 존중하며 예의를 지킬 필요가 있는데도 거친 말이 오가다 보면 상대에게 더욱 적개심이 치밀어 올라 급기야는 감당할 수가 없어진다. 이 단계에 이르면 이미 자신의 생각보다 더 일찍 모든 것이 끝장이라는 예감을 하게 된다. 물론 한때 맺어진 연인 관계가 쉽사리 무너지지는 않겠지만 그동안의 강한 신뢰감은 한순간에 낯선 것이 될 수 있다.

그제야 지나온 날을 돌아보면서 사랑이란 단지 환상에 사로잡힌 나머지 눈이 멀어 한낱 허상을 본 것에 지나지 않았다는 생각을 하기에 이른다. 스탕달은 이런 심리를 '결정 작용'(스탕달이 《연애론》에서 연애심리의 과정을 설명하면서 쓴 말로 연애를 하는 남자는 공상의 세계에서 상대방 여성을 극도로 미화하는 경향이 있다는 의미-옮긴이)이라는 말로 풀이한다. 《연애론》에서 스탕달은 다음과 같이 말한다. '암염광산에서는 하찮은 나뭇가지도 소금의 결정 작용으로 뒤덮여 몰라볼 정도로 아름답게 변한다. 이렇듯 사랑하는 상대는 감탄과 희망, 욕구로 가려져 아름답게 보인다.'

사랑의 종말에 이르면 가지를 뒤덮었던 모든 결정이 떨어지기 때문에 나뭇가지는 본래의 벌거벗은 모습 그대로를 보여주는 것이다.

그렇다고 행복감이 순식간에 사라지는 것은 아니다. 사랑이라는 터널의 끝 지점은 차츰차츰 다가온다. 평생 지속할 사랑에 대한 바람은 비교적 긴 시간을 두고 실현될 수도 있지만 사실 그런 목표에 도달한다는 것은 쉽지 않으며 어쩌면 불가능하다. 시간이 흐르면서 열정도 감정 분출도 시들기 때문이다. 어떤 로맨틱한 관계든지 뜨거운 애무와 성행위는 조금씩 식게 마련이다. 이때 끊임없이 찾아오던 긴장의 파도는 빠른 속도로 가라앉는다. '짤막한 이별을 할 때만큼 사랑을 뜨겁게 달굴 때는 없다'라고 오스카 와일드는 말한다. 어찌 됐든 관능적인 도취와 정열적인 감정은 차츰 그 빛이 바래간다.

결국 사랑하는 사람은 사랑에 대한 초조감이 잠들고 성적 흥분과 매력이 사라지는 것을 무기력하게 바라볼 수밖에 없다. 이런 현상은 여러 가지 전달 물질에 원인이 있다. 평균 섹스 횟수의 감소는 당사자의 나이뿐만 아니라 성행위의 밀도와도 관련이 있다. 현대과학에 따르면 장기적인 관계를 맺으면서 성적 욕구가 차츰 떨어지는 것은 남자의 경우 테스토스테론 수치가 떨어지면서 바소프레신과 옥시토신이 올라가는 데 원인이 있다.

하지만 어떤 관계든지 오래되어 익숙해진 단계에서는 도파민과 노르아드레날린 수치도 떨어진다. 늘 함께 지내면서 서로에게 익숙해지게 되면 성적 매력도 빛을 잃게 된다. 그리고 일정한 시기가 되면 자신이 더 이상 파트너와 짜릿한 오후를 보낼 수 없다는 사실이 분명해지는 날이 오게 마련이다. 뜨겁게 키스를 나누던 시절이 아득히 먼 옛날처럼 느껴지면서 문득 자신에게 이런 질문을 던지게 된다. 행복한 여름휴가를 마지막으로 즐긴 것이 언제였던가? 왜, 무엇 때문에 아직도 함께 사는 것일까?

보통 오래 지속되어온 애정은 이 성적 관계가 소원해지면서 시들해진다. 이것은 눈에 띄지 않게 점차 진행되지만 한쪽에서는 어차피 사랑이 식었기 때문에 그다지 연연해하지 않는다. 또 한쪽에서는 싫증이 나고 실망한 나머지 이별이나 이혼을 기대한다. 비록 상대가 없는 삶이 앞으로 어떻게 전개될지는 정확하게 모르지만 두 사람은 이미 서로 사이가 벌어졌다는 것을 느낀다. 사람은 비록 나쁜 습관에 물들었을 때도 사람들과 어울리는 것보다는 고독을 더 두려워한다. 습관을 버릴 때 사람들과 멀어지는 것이 가슴 아프고 아쉽기 때문이다. 사랑이 식었는데도 관계가 지속되는 경우가 많은 것은 단지 제3자가 애인을 좋아해서 애인을 포기하고 싶지 않은 심리에서 오는 것이다. 인간은 자기가 소유한 것을 다른 사람이 탐낼수록 그 소유물에 집착하고 그

것에 자부심을 느끼게 되어 있다.

하지만 이미 상대와 관계를 끝내겠다는 결심만으로도 그 상대와의 거리는 엄청 멀어진다. 그런데 일단 헤어진 다음에 다시 관계가 회복되는 경우도 적지 않으며, 이때는 보통 정서적으로 아주 강한 관계가 형성된다. 그럼에도 전처럼 사이가 좋아질 수는 없기 때문에 결국 헤어질 것이라는 생각이 머릿속에서 줄곧 떠나지 않는다. 계속 이런 생각에 집착할 경우 새로운 냉각기가 곧 뒤따르며 마침내 한때 서로 뜨거웠던 관계는 궁극적으로 잊혀진다.

괴테는 〈사계〉에서 비극적인 표현을 마치 위로의 선율처럼 이렇게 들려준다.

오 제우스여, 나는 왜 이렇게 덧없는 것인가요? 아름다움이 물었다.

덧없는 것만 아름답게 만들었기 때문이지, 신이 대답했다.

사랑도 꽃도 이슬도 청춘도 덧없는 것.

만물은 울면서 화려한 빛을 잃는다네.

인생도 사랑도 필요하지만 결국 끝나고 마는 것.

운명의 여신이여, 인생과 사랑의 끈을 제발 동시에 끊지는 마소서!

하지만 인생과 사랑의 끈을 끊는 여신도 두 개의 끈을 동시에 끊지는 않는다. 애인이 이미 죽은 경우에는 사랑이 없는 생명이 지속되거나 생명이 없는 사랑만 남을 것이다. 이미 고대 그리스인들은 애인과 함께 죽는 것을 신의 은총으로 여겼다. 필레몬과 바우키스는 제우스와 그의 아들 헤르메스가 신분을 숨기고 나타났을 때 정성껏 대접함으로써 삶의 마지막 순간에 이들에게서 은총을 받았다. 사랑으로 결속된 사람은 짝을 잃은 상실감 때문에 살고 싶은 마음이 사라진다. 또 한편으로는 혼자 살아남는 불행이 닥치기 전에 사랑하는 짝을 위로한다. 이런 심리를 라이너 쿤체Reiner Kunze는 〈그대 발치에서 드리는 당부〉에서 이렇게 묘사한다. '나보다 조금만 일찍 세상을 떠나요. 당신 혼자서 외롭게 집으로 돌아오는 일이 없도록.'

사랑에 빠진다는 것은 일시적이고 믿을 수 없는 감정이다. 심리학자들에 따르면 사랑의 파멸을 막을 수 있는 '사랑의 기술'은 결코 배울 수 있는 것이 아니다. 하지만 사랑의 최면에서 벗어난 사람은 대부분 사랑의 상실을 그다지 극적인 것으로 여기지 않는다. 사랑의 터널에 갇혀 있을 때 그토록 두려워하던 햇빛을 마침내 다시 보게 되는 것일 뿐이다. 사랑에 빠진 사람은 도취의 에너지가 마를 때까지는 애인을 잃는 것을 두려워한다. 그리고 언젠가 사랑이 끝날지도 모른다는 끔찍한 생각 때문에 몹시 불안해하며 미래에 애인이 자신에게 어떤 의미를 가질지 스스로 질문한다. 사랑이 무너진 뒤에는 보통 사랑의 상실을 비탄하며 아쉬워한다. 사랑이 자신을 떠나는 시점을 깨닫지 못한 것을 안타깝게 여기며 '아, 애석하다'라고 생각한다.

이런 심리는 흔히 상대만이 아니라 상대에 대한 사랑 자체에도 애착을 가진 것과 관계가 있다. 사랑은 너무도 아름답게 느껴지기 때문에 사랑할 때는 언제나 사랑 자체도 사랑하는 법이다. 사랑이 사라지면 사랑하는 사람을 상실했다는 사실보다 한때 마음속에 끓어올랐던 사랑의 감정이 끝났다는 것에 더욱 비탄하게 된다. 이를테면 함께 요리를 하거나 함께 외출을 하고 산책을 하는 등 일상에서 함께 나눈 기쁨은 너무도 많을 것이다. 사랑이 없다면 이런 일상의 기쁨은 없을 것이고 사랑과 더불어 그런 기쁨도 자연히 사라질 것이다. 점점 시간이 갈수록 과거의 추억은 빛이 바래고 둔감한 일상에 가려질 수밖에 없다.

후회가 따르는 지조

'부부들은 서로 영원한 사랑을 맹세한다. 이것은 마음에 들지는 모르지만 중요한 의미는 없다. 맹세하는 사람이 영원이라는 말 대신에 부활절까지라든가 5월 첫 주까지라는 단서를 단다면 이 말에는 적어도 의미가 있다. 이 두 시점으로 이들은 자신이 지킬 수도 있는 시한을 말한 것이기 때문이다.'

덴마크의 철학자 키에르케고르의 말이다. 처음의 열정이 아무리 뜨거웠어도 일정한 시간이 지나면 감정이 혼란스러워지면서 섹스는 더 이상 중요한 변수가 되지 못한다. 그나마 빈도도 줄어들며 기껏해야 규격화된 쾌감만 남을 뿐이다. 이런 쾌감은 주로 상대에 대한 배려와 상냥한 태도, 보호로 나타난다. 적어도 상대에 대한 그런 배려가 있어야만 예절에 맞는 상호관계가 가능해지는 것이다. 이와 달리 장기적인 관계에서 똑같은 일상이 반복될 때, 성적인 문제에서 마치 짐승이 죽은 척해서 위기를 모면하듯이 일시적인 중단 상태가 찾아오는데, 대부분 이것을 정상인 것처럼 얼버무린다. 결혼에는 당사자 모두가 알면서도 말하지 못하는 자기기만적인 삶이 불가피하게 따라온다. 배우자에 대한 초기의 애착이 사라지고 냉정한 일상을 깨닫게 되는 순간 형식적인 침묵이 이어진다. 따라서 결혼생활을 계속하기 위해서는 사소한 불화를 무시할 수 있는 그럴 듯한 외형이 필요하다. 고트프리트 벤Gottfried Benn은 '결혼은 성욕을 마비시키는 제도'라고 말한 적이 있다.

이런 경험은 단지 잘못된 선택을 했거나 비현실적인 기대로 관계를 시작한 부부에게만 해당하는 것이 아니다. 아주 드물게 예외적인 경우이기는 하지만 끝까지 행복한 관계를 지속하는 부부들도 이런 경험을 피할 수는 없다. 로맨틱한 사랑으로 시작한 결혼은 쾌락 충족의 경기장으로서 결혼생활 동안 달콤한 사랑을 지속할 수 있으리라는 환상에 다가간다. 하지만 몇 년이 지나서 안락하고 친숙해진, 대개는 지루해진 관계를 다시 뜨거운 정열로 채우기는 어렵다. 단조로운 일상 속에서 정열을 간직하기란 당연히 쉽지 않다.

배우자는 배우자라는 일종의 결점을 안고 있기 때문이다. 배우자라는 사실을 애써 외면하고 한동안 마치 다른 사람을 대하듯 할 수는 있을 것이다. 피티그릴리 Pitigrilli의 소설 《코가인》에 등장하는 부부가 그렇다. '내 침대를 찾을 때면 그는 나를 돈 주고 사는 것처럼 매번 금고에 금화를 몇 개 넣었다. 그리고 이런 식으로 자신의 부인을 제후의 정부처럼 대함으로써 격을 높인다고 주장했다.' 하지만 다른 방법으로 애무를 하고 사랑의 표시를 하는 일도 되풀이되면 뜨거운 정열은 김빠진 습관으로 변해버린다. 그리고 일단 처음의 행복감이 식으면 성적인 쾌감이란 것도 기껏해야 부부의 의무로 전락하게 마련이다. 함께 잠을 자고 아침이면 샤워를 하고 아침식사를 하는 무덤덤한 일상으로 빠르게 전환된다. 사랑은 두 사람이 서로 몰아가는 충동이지만 시간이 지나면서 먹고사는 문제에 파묻히게 되는 것이다.

단조로운 나날이 계속되는 가운데 지친 몸으로 잠자리에 들기 전, 상대를 바라보며 사랑을 나누기에는 너무 피곤하다는 생각이 점점 잦아진다. 어쩌면 마음속으로 그리던 가정의 평화가 사랑을 위해서는 별로 좋은 분위기가 못 된다는 사실을 염두에 두어야 할는지도 모른다. 외적인 결속이 더 굳어질수록 내적인 일체감은 그만큼 더 빨리 느슨해진다.

흔히 그렇듯이 부부 관계의 문제는 밀착된 공간적 관계에 기인하는 경우가 많다. 이뿐만 아니라 끊임없이 붙어 지내는 관계는 짧든 길든 모든 열정의 확실한 소멸을 의미한다. 그 비극적인 흐름을 완전히 멈추게 할 수는 없지만 '떨어져 지내는 사랑'으로 속도를 늦출 수는 있다. 현대인은 과거에 비해 직업상 밖에서 지내는 시간이 더 길어졌다. 그러므로 형편에 따라 서로 떨어져 지내는 부부들이 많다. 더러는 자발적으로 떨어져 사는 부부도 꽤 있다. 이와 같이 각기 멀리 떨어진 다른 집에서 사는 부부라든가 주말부부의 수가 눈에 띄게 증가하는 추세다. 하지만 젊은 세대는 언젠가 같은 집에서 살기를 바라기 때문에 대부분 이런 관계를 일시적인 단계로 받아들인다.

이와 달리, 흔히 관계가 파탄 난 후로 평소에는 상대와 떨어져 살면서 시간을 쪼개어 새로운 파트너와 지내는 사람들도 있다.

또 이메일이나 문자서비스, 저가통화 시스템인 스카이프^{Skype}를 통해 멀리 떨어진 애인과 관계유지가 가능하도록 소통을 할 수도 있다. 물론 전화로 아침인사나 잠자리 인사를 나누는 것이 육체적으로 함께 지내는 것을 대신할 수는 없지만 두 사람 사이의 밀착된 관계는 유지할 수 있다. 하지만 떨어져 지내는 연인들은 대개 자기 처지에 불만을 갖고 있다. 서로 떨어져 지내는 생활의 단점은 분명하다. 경제적인 부담이 느는 것 외에도 공간적으로 떨어져 사는 것은 가정의 화합을 흔들거나 기존의 분위기를 해칠 수 있다. 이 밖에도 육체적으로 밀착할 수 있는 기회가 줄어들며 안락한 가정의 분위기가 사라진다.

떨어져 지내는 연인들이나 각기 다른 집에서 사는 주말부부의 경우에도 분명히 장점이 있다. 서로 멀리 떨어져 지내게 되면 보통의 관계에서 쉽게 식어버릴 수 있는 서로의 애정을 높이거나 평균보다 오래 지속할 수 있다. 서로 매일 볼 수 없어서 상대에 대한 존중심과 육체적인 욕구가 더 강해지기 때문이다. 이 밖에도 이런 방법은 상대와의 유대감이나 결속력과 상관없이 어떤 독립성과 자유공간을 누릴 수 있다는 장점이 있다. '떨어져 지내는 사랑'에서는 열정에 대한 긴장감이 비교적 오랜 시간 팽팽하게 유지될 수 있다. 때때로 떨어져 지내는 것이 공통의 소속감에 꼭 해로운 것은 아니며 오히려 그 반대인 경우가 더 많다.

서로에 대한 감정이 새로운 습관으로 약화되지 않는 한 전혀 문제가 없다.

하지만 모든 긴장의 끈은 언젠가는 느슨해지게 마련이다. 항상 그리움에 설레며 다시 만난다는 기대감이 갑자기 강렬하게 느껴지지 않는 순간이 찾아온다. 사람은 언젠가는 현실에서 가능한 삶 이상의 것을 바라게 되어 있다. 또 떨어져 지내는 사랑도 결국에는 그 강렬함이 약해질 수밖에 없다.

에리히 케스트너^{Erich Kästner}는 〈감정이 메마른 사랑〉이라는 짧은 서사시에서 습관화에 따른 지극히 정상적인 사랑의 상실을 냉정한 필치로 묘사한다.

그들이 알고 지낸 지 8년이 되었을 때(아주 잘 알고 지냈다고 말할 수도 있다)

갑자기 사랑이 사라졌다.

다른 사람들처럼 버팀목 또는 보호막이 사라진 것이다.

쓸쓸해진 그들은 키스를 하며

아무 일도 없다는 듯이 서로를 열심히 속였다.

마주 바라보아도 상대를 알 수 없었다.

갑자기 여자는 눈물을 흘리고 남자는 우두커니 서 있었다.

창밖에서 보면 마치 구조신호를 보내는 사람 같았다.

남자는 벌써 4시 15분이라고 말한다

어디 가서 커피 마실 시간이라면서.

옆집에서는 누군가 피아노를 친다.

그들은 동네에 있는 조그만 카페로 가서

커피 잔을 집어 들었다.

저녁이면 으레 그곳을 찾곤 했다.

그들은 떨어져 앉아 아무 말도 나누지 않았다.

말을 해도 알아듣지 못했다.

아르투르 슈니츨러 Arthur Schnitzler는 똑같은 경험을 좀 더 간단히 표현하고 있다. '그들은 서로 침묵하다가 얼빠진 표정으로 침대에 누웠다. 가까이 있는 상대가 멀리 느껴졌다.' 한때는 전혀 다른 상황을 상상했지만 이제는 함께 있으면서도 외로움을 숨길 수 없는 처지가 된 것이다. 상대를 위한 다정한 사랑의 말은 찾아볼 수 없고 오직 남은 것은 숨 막히는 적막뿐이다. 에리히 프롬 Erich Fromm은 이렇게 말한다. '적극적인 태도는 거의 찾아볼 수도 없다. 커다란 희망이나 기대를 갖고 시작하는 시도나 사랑 같은 규칙적인 행위로 무위로 돌아갈지도 모를 시도를 하는 적도

거의 없다.'

비슷한 예로 '빈곤은 대문으로 들어오고 사랑은 창문으로 나
간다'는 오스카 와일드의 글도 있다. 생활이 넉넉한 사람은 가난
한 사람보다는 강렬한 만족과 즐거움이 사라진 일상에서 행동
이 훨씬 자유롭다. 시간과 돈이 더 많기도 하지만 자극적인 여가
활동을 위한 소통능력과 기회에서 더 우월하기 때문이다. 이 밖
에도 하층계급의 남자들은 중간계층에 비해 보편적으로 감정이
더 메마른 편이다. 그들은 틀에 박힌 일상생활의 훈훈함을 얻는
대신 정서적인 밀도는 포기할 수밖에 없다. 어쩌다 낭만적인 표
현을 건네면 대부분 어색한 미소를 지을 뿐이다. 또 평생 지속되
어야 할 관계를 대수롭지 않게 여기며 의미를 격하시키는 경우
도 드물지 않다. 평생의 관계는 무엇보다 경제적인 문제이며 이
문제가 두 사람이 공을 들여야 할 인생의 과제라고 생각하는 것
이다. 그리고 이 과제야말로 개인에게는 가혹할 만큼 힘들다고
생각한다. 그들은 현실을 직시해야 한다고 말한다. 물론 낭만적
인 사랑도 좋고 달콤하지만 그것은 비현실적인 동화에서나 나
오는 것이며, 어쨌든 그런 사랑은 덧없는 정열에 지나지 않는다
고 생각한다. 비록 뜨거운 정열이 없어도 서로 아무 탈 없이 살
아가는 것이 더 중요하다는 식이다.

실제로 밝고 건실하고 안정된 환경은 생리적인 자극보다는

오히려 원만한 기쁨에서 나온다. 돈과 시간은 부족한 가운데 날마다 살림살이에 신경 쓰고 지속적으로 자녀를 돌보며 직장에서 스트레스를 받는 모든 환경은 로맨틱한 사랑을 지속하는 데 방해가 된다. '결혼 전에는 장미Rosen를 꺾고 결혼 후에는 바지Hosen를 깁는다'는 속담도 있다. 생존경쟁에 시달리다 보면 에로틱하고 로맨틱한 환경에서나 가능한 성적 충동은 제어될 수밖에 없다. 자녀는 많고 수입은 적은 환경은 어떤 면에서는 일부일처제의 안정화에 최상의 조건인 것처럼 보이지만 안정과 견실을 단순히 행복과 같은 것으로 볼 수는 없다. 할 일은 많고 끊임없이 돈에 시달리며 시간이 부족한 환경은 단지 현상을 고착시킬 뿐이다. 이런 생활이 애정 관계를 해친다고 볼 수는 없지만 변화의 가능성을 줄이는 것만큼은 분명하다. 이런 조건에서 자신과 배우자에게 더 깊은 관심을 쏟는 생활은 쉽지 않아 보인다. 실제든 상상이든 생활에 유용한 삶의 공동체를 돌보지 않고 은밀한 모험을 시작한다는 것은 결코 간단치가 않다.

하지만 마음속으로는 자기 삶을 원망할 수도 있다. 과거의 달콤한 사랑을 떠올리며 "나도 한때는……" 하는 식의 생각에 젖기도 하지만 과거의 아름답던 시절은 현재의 피곤한 삶에 파묻혀 흔적조차 찾기 어렵다.

물론 이런 실망과 모멸감이 이별이나 이혼의 사유가 되지는 않는다. 부부는 오랜 세월 갖은 역경을 헤쳐 오는 동안 끊임없이 부딪치면서도 상대의 가치를 인정하며 서로의 인생에 버팀목이 되어준다. 하지만 대부분의 경우에 겉으로만 조화가 유지되기도 한다. 대체로 뻔뻔하게 사랑을 가장하지만 사랑은 이미 오래전에 사라진 경우가 많다. 두 사람 사이에 여전히 강한 우정이 유지될 수는 있겠지만 서로 뜨거운 사랑을 원하지는 않는 것이다.

또 겉으로는 온화해 보여도 실상은 이미 오래전에 부부간에 전쟁이 시작된 경우도 드물지 않다. 가정은 마치 휴전 상태처럼 조용해 보이지만 그 이면에는 사그라지지 않는 적개심이 감돈다. 걸핏하면 사소한 일로 언쟁을 벌이거나 조그만 핑계거리만 생겨도 악의적으로 상대를 대하기 일쑤다. 그러다 보면 대화는 서로 흠을 들추는 수단으로 전락하고 만다. 결국 갈등이 잠복해 있는 일상은 순식간에 상대를 깎아내리는 지옥으로 변한다. 서로 저주에 찬 욕설을 늘어놓는 것은 단순히 의견 차이 때문이 아니라 이미 오래전에 형성된 상대에 대한 혐오감에서 비롯된 것이다. 일부러 왜곡한 말 한 마디 한 마디에는 거짓된 의미가 담겨 있다. 배우자에 대한 존중과 배려는 겹겹이 쌓인 일상의 스트레스 때문에 찾아볼 수조차 없게 된다. 한때 희망으로 가득 찬 관계가 거친 감정과 혐오감에 찬 성性의 전쟁으로 변한 것이다.

이런 관계에 대해서 톨스토이와 입센, 스트린드베리^{August Strindberg}는 인상적인 표현을 한 바 있다. 테오도르 폰타네도 '인생이라고 볼 수 없는 인생도 많고, 부부라고 볼 수 없는 부부도 많다'라고 비탄을 늘어놓는다.

하지만 배우자와 어떤 공통의 의식儀式에 익숙해지게 되는 경우라면 로맨틱한 사랑 없이도 아름다운 관계를 유지할 수 있다. 게다가 오랫동안 기대하지 않던 다정한 감정이 갑자기 되살아나기도 한다. 그런데 토마스 만의 표현을 빌리자면 단지 그런 '보통의 기쁨'은 서로의 거친 감정과 멸시감을 몰아낼 수 있을 뿐이다. 어쨌든 일상의 훈훈한 분위기를 지속시키려면 다정한 관계를 위해 애쓸 수밖에 없다.

전체적인 삶으로 볼 때는 서로 상대를 갈망하는 것보다 힘든 일상 속에서 서로 존재의 불안을 위로해주는 것이 더 중요해 보인다. 이런 관계를 이루는 데 성공하려면 감정의 회오리나 성적인 열정에 앞서 따뜻한 애정이나 상대를 존중하는 마음이 있어야 한다. 애정 관계에서 상호존중은 같은 집에 살면서 어느 정도 손님처럼 행동하는 능력이 있는가의 여부에 달려 있다. 불행한 일을 당해 혹독한 시련을 겪은 부부는 삶의 어두운 측면이 부각될 때 다시금 서로를 찾게 된다. 그러면 사랑 또는 우정에서 기꺼이 상대를 도울 자세를 갖추고 역경에 대비할 수 있다. 말하자면 성적인 파트너에서 서로 버팀목이 되어주는 공동운명체가 되는 것이다.

하지만 성공적인 부부 또는 동반자의 피상적인 관계만으로 강렬한 사랑의 꿈과 마주치기를 기대하기란 어려운 일이다. 한 달에 한 번씩 오페라를 보러 가거나 영화관에 자주 가며 생일파티를 열거나 잠자리에 들기 전에 맥주 한 잔을 나누는 것은 매혹적인 사랑에 대한 대안으로는 한참 부족하다. 이러한 일상의 순간에는 오직 자신에게 부족한 것에 대한 고통이 따를 뿐이다. 알다시피 타협의 방식이 인생을 더 단순하게 만들어줄 수는 있다. 하지만 여전히 '그리움과 열정이 없는 삶이 무슨 가치가 있단 말인가?'라는 의문은 되풀이된다.

사실 성적 관심이 평생 똑같은 상대에게 고착되는 경우는 드물다.

비록 지금은 뜨거운 열정에 몸 달아 있다 해도

그 밑에는 언젠가 하품을 하게 될 미래의 권태가 숨어 있고

어떤 쾌락이든지 미래의 싫증이 깔려 있게 마련이다.

이것이 모든 인간의 운명이다.

그렇다면 부부 관계에서 만족시킬 수 없는 동경은 어찌하란 말인가?

4

사랑, 거짓말, 기만

기만에 대한 도덕적 의무

요즘 사람들은 보편적으로 과거에 비해 성적인 문제를 더 솔직하게 털어놓는 편이다. 물론 개방적인 태도가 반드시 더 정직하다는 의미는 아니다. 성이 해방되면서 19세기와 20세기에 난무했던 수많은 거짓말에 종지부를 찍기는 했지만 성의 해방이 곧 허위와 위선의 끝을 나타내는 것은 아니다. 성 해방 선구자들의 기대와는 달리 성적 자유주의는 지금까지도 절반의 진실이나 이기심과 죄의식을 수반하는 기만에서 빠져 나갈 현실적인 출구를 제시하지 못하고 있다. 긍정적인 측면에서 보자면 이런 기만은 개인에 대한 보호막과 질서 유지의 기능을 한다. 반면 기만은 사회의 표준체계와 대립되는, 누적되고 무질서한 에너지의 도피처 구실을 하기도 한다. 공식적인 윤리와 실생활 속의 윤리는 결코 일치하지 않는다. 그리고 이 두 가지 윤리의 틈바구니에서 거짓말이 자라난다.

애정생활과 성생활도 예외가 될 수 없다. 굳이 밝힐 필요가 없는 일들은 얼마든지 있다. 일반적으로 은밀한 행동은 세 단계의 변화 과정을 거치는데, 처음에는 적극적으로 거짓말을 하며 이야기를 꾸며낸다. 이어 의심스런 정황이 포착되면 끝까지 부인하다가 마침내 배우자와 관련되는 진실이 드러나면 침묵으로 일관한다.

예로부터 거짓말은 나쁜 것이었다. 거짓말을 엄격하게 금지한 철학자나 신학자는 수없이 많다. 임마누엘 칸트는 거짓말을 '인간 본성의 치욕스런 오점'이라고 말했고, 십계명의 여덟 번째 계명은 '네 이웃에게 거짓 증언을 하지 마라'이다. 거짓말은 특히 도덕적인 측면에서 여러 가지 이유로 비난을 받는다. 첫째, 거짓말은 인간 사이의 신뢰를 악용하고 위협하며 파괴한다. 거짓말을 하는 자는 자신을 신뢰하는 상대를 실망시킨다. 둘째, 거짓말하는 자는 대부분의 사람들이 높은 덕목으로 꼽는 진실에 대한 상대방의 관심을 무시한다. 셋째는 상대방이 가진 삶의 결정권을 침해하는 것이다. 즉, 자신에게 일어나는 일을 스스로 결정할 수 있는 상대의 기회를 빼앗는 것이다. 다시 말해 거짓말하

4 사랑, 거짓말, 기만

는 자는 상대의 자유로운 결정권을 진지하게 생각하지 않고 의도적인 속임수를 써서 방해한다고 할 수 있다. 만약 정확한 사실을 알았더라면 상대는 전혀 다른 결정을 내렸을지도 모르는 일인데 말이다. 거짓말을 하는 자는 이런 기회를 막음으로써 상대의 감정과 판단, 행동을 대개 자신에게 이익이 되는 쪽으로 유도한다.

거짓말에 성공하려면 몇 가지 뛰어난 재주가 있어야 한다. 거짓말이 들통 나지 않기 위해서는 뻔뻔한 위장과 그럴 듯하게 둘러대는 재간, 창조적인 상상력, 뛰어난 기억력, 그에 걸맞은 자연스러운 반응이 없으면 안 된다. 그뿐만 아니라 진실의 흔적을 감쪽같이 치워야 하며 삶의 현장 곳곳을 부지런히 돌아다녀야만 한다. 그렇지 않으면 진실과 모순되는 처지에 빠질 위험이 있으니.

배우자와 서로 돈독한 신뢰 관계에 있다는 것은 커다란 장점이다. 배우자를 무한히 신뢰한다는 것은 일상에서 자신 또한 신뢰할 만한 사람이라는 것을 입증하는 것이 된다. 하지만 니클라스 루만이 강조하듯이, 배우자 외의 다른 사람을 신뢰한다는 것은 '위험한 선행조치'가 될 수 있다. 오직 상대의 신뢰를 기대할 수밖에 없는 행동이 될 수 있으므로. 물론 그것이 반복되면 신뢰는 차츰 깊어질 것이다. 하지만 주변 사람들이 완벽하게 신뢰하는 사람은 그들을 속이기도 쉽다.

의도적인 거짓말은 공공사회의 비난을 받지만 거짓말에 대한 윤리적인 문제 제기가 늘 타당한 것은 아니다. 사람들이 항상 정직하고 서로 솔직하며 어떤 위장이나 감정의 통제도 없이 적나라하게 사실만을 말한다면 세상은 어떻게 될까? 아마 대혼란이 일어나고 사적으로나 공적으로 질서가 무너질 것이다. 빌헬름 부시Wilhelm Busch는 일찍이 이런 사실을 꿰뚫어보았다.

지구에 사는 우리 모두가

언제나 진실만을 말한다면

장차 누가 이 땅에

발을 디디려고 하겠는가?

카를 크라우스Karl Kraus는 이와 관련해 '자유롭게 진실을 말하는 사람에게는 관용이 따르지 않는다'라고 단호한 결론을 내린다. 실제로 융통성 없는 정직은 논란의 여지가 많은 덕목으로써 결코 모든 덕목에 우선하는 가치를 갖지는 않는다. 캐묻지도 않고 절박하지도 않은데 배우자가 상처를 입을 것을 뻔히 알면서도 사소한 외도를 고백하는 것은 바람직하지도 않으며 무책임하다고 볼 수밖에 없다. 궁극적으로 부정적인 결과만 생기는데 무엇 때문에 사실을 말한단 말인가?

어쨌든 사람들은 거짓말로 서로 상대를 속이는 경향이 있다. 이들은 양심의 가책 없이 끊임없이 상대를 속인다. 완전하게 진실을 말하지도 않고 들으려고도 하지 않는다. '그럴 듯하게 보이려고' 하는 속임수, 위장, 왜곡, 은폐, 침묵, 우기기, 부인, 눈가림, 허풍, 미화, 덧칠, 생략 등등 이 모든 것은 사람들 사이에서 흔히 볼 수 있는 일상적이고 정상적인 교류 형태다. 일부러 정중한 태도를 취하는 것도 상대에 대해 생각하는 것과 상대에 대해 말하려는 것을 구분하고자 함이다. 쇼펜하우어는 정중한 태도란 '사회적으로 인정된 기만'이라고 말한 바 있다. 정중함은 윤리적이고 지적인 결핍을 서로 비난하지 않고 모든 약점과 부족한 요소를 고의로 외면하려는 암묵적 합의다. 쇼펜하우어는 정중한 태도를 공기를 넣은 베개에 비유하며 이렇게 말한다. '비록 그 속에 아무것도 들어 있지는 않지만 그것은 충돌을 완화시켜준다.' 빌헬름 부시의 표현도 이와 비슷하다.

내가 정중한 태도를 좋아하는 것은

그것이 품위 있는 속임수이기 때문이다.

그런 태도가 모두를 만족시킨다는 것을

당신도 알고 나도 안다.

하이네 역시 비슷한 말로써 에로틱한 암시를 던진다.

입맞춤에 들어 있는 거짓말!
그 모습에서 보이는 환희!
아, 속이는 것은 얼마나 달콤한가!
속는 것은 더 달콤하지 않던가!

인간의 평화로운 공동생활을 위해서는 분명히 보다 많은 정
직뿐만 아니라 정직 이상의 것이 필요하다. 흔히 자신의 체험을
이야기할 때도 우리는 사실 이상으로 과장된 표현을 하지 않는
가! 또 사람들은 자신을 드러낼 때 사실과 다른 모습을 연출한
다. 고객 앞에서나 법정에서 또는 정치인으로서 자신을 소개할
때뿐 아니라 부부 관계나 친구들 사이에서도 마찬가지다. 또 그
럴싸하게 꾸민 존중심의 배후에는 냉담과 혐오감이 숨어 있을
때가 얼마나 많은가! 그러기에 콘라트 아데나워 Konrad Adenauer는
'인간을 알고 인간을 경멸하지 않기란 어렵다'라고, 비극적인
인식을 토로한다. 우리 모두에게 익숙한 이런 교류 형태는 자세
히 살피지 않으면 지나치기 십상이다. 인간은 아주 명확한 사실

조차 의도적으로 어슴푸레한 측면을 보려는 경향이 강하다.

어느 정도의 자기기만과 타인기만은 개인의 정신건강이나 사회적 유대를 위해서 중요할 수도 있다. 공공생활은 통틀어서 흔히 거짓된 세계로 비판을 받는다. 인간이 완전한 진실을 감당할 만큼 영리하거나 어리석다고 생각하지 않은 아데나워는 이렇게 말한다. '신은 인간을 제대로 창조하지 못했다. 인간이 조금만 더 어리석다면 다스리기가 더 쉬울 것이고 더 영리하다면 더 이성적인 대화가 가능할 텐데 말이다.'

어쩌면 인간은 진실에 집착한 대가로 자신의 파멸을 막기 위해서만 거짓말하는 능력을 부여받았는지도 모른다. 천체물리학자인 갈릴레오 갈릴레이의 행동에서 우리는 이러한 추측이 정당하다는 근거를 찾을 수 있다. 그는 종교재판에 대한 불안 때문에 지구가 태양 주위를 돈다는 진실을 부인했기 때문이다.

거짓말은 때로 삶에 유용한 수단으로써 인간이 위협적인 문제나 불확실성, 고통을 해결하는 데 도움을 주기도 한다. 또한 달리 대처할 수 없는 애정생활과 상호 관계의 문제를 돌파하는 데 도움을 줄 수도 있다. 인간에게는 윤리적으로 문제가 되는 거짓에 대한 충동만 있는 것이 아니라 존재 자체를 위해 어쩔 수 없이 거짓말을 하게 되는 기만의 성향도 있다. 일찍이 이런 사실을 꿰뚫어본 호메로스는 오디세이에게 능란한 기만의 기술과 노련한 술책을 부여해 험한 인생의 파도를 넘게 한다. 언제, 어떤 상황에서든 꾸밈없는 진실만이 최선의 선택이라고는 할 수 없다. 진실은 때로 우정이나 배려, 동정심 같은 윤리적인 가치에 위배되기도 한다.

그 밖에 거짓말하는 사람에게 있어서 위장은 두드러진 장점이 된다. 하지만 꼭 이기적인 목적에서가 아니라 세심한 이타적인 동기에서 하는 거짓말도 있다. 사람들은 과장과 호언장담, 감언을 동원해서 타인의 관심을 끌거나 자신에 대한 수치나 처벌, 비난을 면하려고 한다. 심지어는 환심을 사서 애정과 사랑을 얻으려고 할 때도 있다. 하지만 이와 달리 가벼운 위장이나 동정심에서 나온 거짓말로 친구가 크게 상심하지 않도록 배려하는 사람도 있다. 이런 사람들은 흔히 주변 사람의 어떤 변칙적인 성향을 부인해서 그가 마음에 상처를 받지 않기를 바라며 그 사람의 자긍심을 지켜주려고 한다.

말하자면 정확한 자기인식이 언제나 즐거운 결과를 가져오는 것은 아니다. 때로는 숨겨놓는 것이 더 바람직한 욕구가 될 수도 있는 것이다. 발타사르 그라시안^{Baltasar Gracián}의 '모든 진실을 말할 수는 없다. 어떤 것은 우리 자신 때문에 못하고 또 어떤 것은 다른 사람 때문에 못한다'라는 말은 이에 동의하고 있는 것처럼 보인다.

어쩌면 우리 인간은 삶의 충격을 완화하고, 불안과 스트레스를 줄이거나 자신의 부족한 점을 견디기 위해 거짓말의 능력을 부여받았는지도 모른다. 이런 점에서 기만과 위장은 개인이 환경에 적응하도록 도와준다. 이런 수단은 생존을 위해서나 바람직한 삶을 위해 필요한 측면이 있다. 그런 면에서 기만과 위장은 현실을 통제하는 인간적인 수단이기도 하다. 따라서 이같이 논란의 여지가 많은 교류 형태는 애초에 비난의 도마 위에 올려놓아서는 안 된다. 일찍이 볼테르가 '거짓말은 나쁘게 사용하면 악덕이지만 선한 목적으로 사용할 때는 대단한 미덕이다'라고 말했듯이 기만과 위장은 보편적인 삶의 상호 관계에 도움을 줄 수도 있다. 또 프란츠 그릴파르처 Franz Grillparzer는 희극 《거짓말하는 자여, 화를 입어라》에서, 진실이라는 절대적인 계율을 엄격하게 지키는 것은 옳지 않으며 다소 완화된 형태로 적용해야 한다고 강조한다. 마지못해 따르는 정직성의 배후에는 때로 미풍양속의 의미보다는 자신의 타락에 대한 공포심이 더 많이 숨어 있다.

인간의 삶이 비록 기만과 거짓말투성이일지라도 삶에 중요한 것은 존중할 필요가 있다. 따라서 기만은 윤리적으로도 정당화되고 나아가 인도적인 관점에도 부합된다. 버나드 맨더빌 Bernard Mandrville의 말을 빌리면 '한 민족이 번영하기 위해 필요한 것은 자부심, 사치 그리고 기만술이다'라고 할 수 있다.

물론 기만적인 품행이 파멸로 끝날 것이라고 확신하는 청교도나 교양 시민 사회의 이상주의자들이라면 이 말에 결코 동의하지 않을 것이다. 그러나 일상생활에서 위장과 단순화, 왜곡을 정직의 표시로 사용하면서 이런 수법이 문제가 된다고 여기는 사람은 극히 드물다. 우리 사회에서 어느 정도까지는 이탈이 허용되며 적어도 심각하게 받아들이지는 않는다. 정직한 태도가 사회적으로 융통성이 없으며 사회의 평화를 깨트릴 수도 있다는 인식이 생긴 지는 이미 오래다. 그러므로 경우에 따라서는 기존의 규칙을 위반할 수도 있으며 다만 전반적인 일상의 구조가 위험에 빠질 때는 이 규칙을 파기해서는 안 된다.

어떤 규칙을 형식적으로 추종한다는 것과 공공연히 반대한다는 것은 전혀 다른 문제다. 인습적인 규칙을 형식적으로만 추종하는 것은 인간사회의 문명화에 별다른 영향을 미치지 않는다. 형식적인 추종자도 공공질서의 붕괴를 막아줄 수 있다. 그저 형식적으로만 따를 뿐 기존의 모든 규칙을 마음속으로 지지하는 것은 아니라 해도 외부적으로는 대체로 항상 질서에 따라 행동하기 때문이다.

이런 관점에서 본다면 진실과 신뢰, 자유가 최상의 가치라고만은 할 수 없다. 이것들은 사회적인 평화나 호의, 배려, 예의,

평안은 물론, 때에 따라서는 이기주의, 나약함 같은 가치와 대등하거나 오히려 뒤처지기도 한다. 니체의 말을 빌리자면 '모든 삶을 위해서는 허위와 기만에 대한 의지, 이기심과 탐욕에 더 높고 더 근본적인 가치를 부여해야 할는지도 모른다.' 만약 시민들이 언제나 예외 없이 서로 솔직하다면 큰 혼란이 일어날지도 모른다. 반면 국가가 거짓을 허용하거나 사회적으로 옹호하여 아무도 진실에 관심을 갖지 않게 되면 국가 자체가 붕괴할 것이다.

인간 상호 관계에서 진실성이 중요하다는 것은 의심할 여지가 없지만 거짓말이 불가피하거나 정당화되는 경우도 많다. 스스로 잘못된 것인 줄 알면서도 무언가를 진실하다고 주장하고 자신의 마음속에 깃든 신뢰를 의도적으로 저버릴 때, 거짓말은 도덕적으로 용납될 수 없고 결국에는 지탄을 면치 못할 것이다. 어쨌든 거짓말은 다른 사람이나 다른 세계와 교류할 때 공평무사한 재능이 되어주지는 않는다.

하지만 이토록 도덕적으로 의문시 되는 언어의 기술은 밤잠을 설쳐가며 양심의 가책으로 괴로워할 때 정당성을 지니기도 한다. 거짓말은 그 바탕에 깔린 동기나 원동력 그리고 거기에 수반되는 의도와 목표, 목적을 긍정적으로 평가할 수 있고 적어도 납득할 수 있는 것으로 보일 때는 허용된다. 그러므로 누군가와

화해를 한다거나, 상대를 웃음거리로 만들고 상처를 주지 않기 위해 순수한 애정과 염려에서 때론 거짓말을 하는 것이다. 이 밖에도 의기소침해 있는 사람을 격려하거나 그가 진실을 감당하기에 너무 벅찰 것 같은 때도 거짓말을 한다. 진실보다 더 중요한 것은 그 진실로 인해 삶이 가능한지 또 어떻게 가능하게 할 것인지 하는 문제다.

온갖 자유화의 물결에도 불구하고 성생활과 애정생활의 영역에서는 아직도 거짓말이 폭넓게 횡행한다. 이러한 예는 은밀하게 소곤대는 '공공연한 비밀'에서 찾아볼 수 있다. 거짓말은 상대 앞에 감추고 싶은 관능적인 욕구를 가려주는 베일과도 같다. 말은 하지 않아도 단순히 하룻밤의 섹스나 외도, 연애를 상상하는 일은 흔하며 단지 공적인 파트너 사이에서만 비밀에 붙일 뿐이다. 아무튼 그런 환상에 빠질 수는 있다. 또 동시에 여러 명과 은밀한 관계를 즐기며 굳이 어느 한 사람을 선택하려고 하지 않는 사람들도 있다. 이들 각자 나름대로 독특한 특성을 지녔기 때문이다.

좀 이상하게 들릴지도 모르지만 사람은 누군가를 정말로 사랑하면서도 상대를 속일 수 있다. 거짓말이라고 해서 하나같이 멸시나 악의의 표현은 아니기 때문이다. 상대에게 섹스를 하자고 설득할 때도 때로는 가벼운 속임수나 기민한 책략, 부드러운 거짓말이 빛을 발하는 경우는 흔하다. 만약 "당신 없이는 괴로울 거야"라고 매달리면 그 상대는 잘못된 희망에 사로잡혀 도취 상태에 빠질는지도 모른다. 그런가 하면 오랫동안 함께 지낸 파트너를 품에 안고 키스하는 와중에 새로 사귄 연인을 생각하는 사람도 있다. 두 사람이 함께 소파에 앉아 텔레비전을 보면서도 그동안 놓친 사랑의 충족에 대한 동경에 빠지는 것이다. 아마 함께 잠자면서도 새 애인과 사랑을 나누는 상상을 멈추지 못할 것이다. 눈앞에 있는 육체를 안으면서 머릿속으로는 새 애인의 벌거벗은 몸을 상상한다. 이처럼 눈치 채지 못하게 세련된 태도로 상대를 속이는 것이다. 이런 사람은 때때로 모든 것을 그대로 내버려둔 채 갑갑한 집을 뛰쳐나가고 싶다는 욕구에 사로잡힌다. 그리고 갑작스러운 변화가 새로운 행복을 가져다줄지도 모른다고 생각하며 우연한 만남을 마음속으로 꿈꾼다. 기차에서 방금 알게 된 낯선 사람과 꽃이 만발한 초원에서 마음껏 어울리고 싶다는 생각은 아주 흔한 것이다.

거짓말의 주된 특징인 기만의 의도는 섹스 파트너나 애정 파트너 앞에서 거짓말을 할 때 상대를 속이거나 유혹한다는 인상을 준다. 하지만 대개 기만은 거짓말의 우선적인 목표는 아니며 목표에 이르는 수단일 뿐이다. 종종 상대의 쓸데없는 불안이나 불필요한 질투를 달래기 위해 필요한 것이다. 가정의 평화와 파트너 관계를 보호하기 위해 사소한 외도와 뜨거운 연애는 조용히 덮을 수도 있다. 이런 의미에서 사르트르가 평생의 동반자인 시몬느 드 보봐르 앞에서 정직성의 도덕적인 우위를 강조한 것은 많은 논란을 낳았다. 두 사람은 서로 완벽한 정직을 다짐했지만 훗날 사르트르가 보봐르에게 연애사건을 모두 고백하자 그녀는 이 일로 공개적으로 심경을 밝힌 것 이상으로 심리적 압박과 상처를 받았다. 사실 정직은 때로 잔인하고 투박한 감정일 수 있기 때문에 비밀 유지를 하려면 감정이입 능력이 필요하다. 애인 또는 파트너가 마음의 상처를 받을 것을 염려하는 심리의 배후에는 이기심과 나약성이 숨어 있기도 한데, 이런 심리는 극복하기 쉽지 않아 보인다.

은밀한 외도와 불륜은 종종 부부나 파트너 관계에서 제대로 배출할 수 없는 성적 환상의 욕구를 거리낌 없이 누리게 해준다. 일상에서의 가벼운 일탈은 흔히 공적 관계가 흔들리거나 파괴되는 것을 막아주기도 한다. 그래서 여전히 이런 일탈이 순기능을 하는 것인지도 모른다.

이 밖에 부부 외적인 관계나 혼외정사가 장기적인 관계에서는 얻기 어려운 자체의 마력을 형성한다는 사실을 부인하기는 어렵다. 마릴린 먼로는 "결혼한 남자들은 무엇보다 자기 부인을 속일 때 매력적인 연인이 된다"고 말하기도 한다. 일부일처제는 끊임없는 단조로움을 낳기 때문이다. 이와 달리 변화는 예로부터 즐거움을 제공해왔다. 그러하기에 둘의 관계에서 하나만으로는 너무 적으며 동시에 권태를 낳는 것이다.

굳이 이런 이유가 아니라도 은밀한 성적 욕망은 신뢰를 기반으로 한 파트너 관계의 밖에서 더 잘 이루어지게 마련이다. 어느 관계든지 시간이 가면서 성적 자극은 줄어들 수밖에 없고 때로 뜨거운 열정을 품은 사랑에 방해가 될 뿐이다. 상대에게는 떳떳하지 못해 경멸스럽고 추잡한 행태로 비칠지도 모르는 성적 환상이 강렬하게 솟구칠 때 사랑하고 존중하는 사람 앞에서 어떻게 이 욕구를 배출할 수 있을까? 설령 환상을 품은 쪽에서 이런 사랑놀이가 재미있고 또 상대와 의논할 수 있다고 해도 이것은 존중을 기초로 한 사랑과는 처음부터 조화를 이루기가 어렵다. 우아한 사랑 앞에서 어둡고 쾌락적인 열정을 쉽게 불태울 수 있는 사람은 그다지 많지 않다. 하물며 두 사람이 함께 즐긴다는 것은 더 말할 나위도 없다. 그런 행태를 부끄러워하기 때문이다. 특정한 섹스 행위와 사랑놀이는 지속적인 관계에서는 실현하기가 어려우며, 새로운 관계를 형성해주지도 못한다. 따라서 이런 행위는 비공식적인 연애에서나 마음껏 누릴 수밖에 없다.

더욱이 불륜은 은밀하다는 자극, 말하자면 불륜이라는 사실 자체 때문에 더욱 자극을 받는다. '우연히 발생하는 모든 것이 늘 적용된다면 인생은 살 만한 가치가 없다. 최선의 가치는 우연 너머에 있다'라고 테오도르 폰타네는 말한다. 이 때문에 연애는 공식적인 파트너 관계로 변할 때 대부분 그때까지의 열정이 끝난다. 멋진 연애가 결코 바람직한 관계로 이어지는 것은 아니다. 따라서 장기적으로 관계를 맺은 상대를 버리고 떠나기보다는 속이는 것이 현명한 선택일 수도 있다.

불륜을 저지른 파트너가 진실을 말하고 싶을 때는 먼저 자신의 솔직한 태도가 두 사람 사이에 유익보다 손실을 가져오지 않을지 곰곰이 생각해보아야 한다. 때때로 이런 고백은 상대에 대한 지조를 오해한 데서 나온다. 부부 관계 및 섹스 치료사인 울리히 클레멘트의 표현을 빌리자면 '배우자 몰래 한 연애는 침묵하는 것이 상대를 더 배려하고 사랑하는 것이다.'

반대로 파트너의 귀가가 늦을 때, 정말 초과근무 때문인지 아니면 다른 이유가 있는지 등등의 쓸데없는 의문은 품지 않는 것이 바람직하다. 언제나 모든 일을 캐묻고 알아내고 털어놓을 필요가 있는 것은 아니다. 아르투르 슈니츨러의 《현자의 부인》에 나오는 남편처럼 모든 일을 정확히 알려고 하지 않고 상대 나름의 생활영역이 있다는 것을 인정하며 너그럽게 모른 체 하는 것이 더 좋을 수도 있다. 이 작품에서 남편은 아내가 바람피우는 현장을 아내 모르게 목격하지만 이에 대해 모른 척 한다. 남편은 자신이 목격한 것을 마음속에만 간직한 채 부인의 이유 없는 외출에도 고통스러운 갈등을 일으키지 않는다. 부인은 이런 남편의 너그러운 처사에 대해서는 전혀 알지 못한다. 이런 남편의 태도는 흔히 관용이라고 부르는 것으로, 우리 모두에게는 이런 관용이 절실히 필요하다.

때로는 속아주는 것이 유용할 때가 있다. 자기기만의 기술을 습득한 사람은 어떤 면에서 부럽기도 하다. 이런 기술은 무언가를 실제로 보아도 못 본 척 넘기는 역설적인 능력을 말한다. 또한 명백한 사실을 눈을 뜨고도 보지 못하는 경우 역시 흔하다. 이처럼 눈앞에서 벌어지는 일, 또는 적어도 예상할 수 있는 일을 놓고 눈을 감을 수 있는 흥미로운 능력도 자기기만이라고 부른다. 우리 인간은 일상적인 부부 관계에서 스스로를 속이는 거짓을 행하는 경향이 있고 심할 때는 새빨간 거짓말도 마다하지 않는다. 이런 경향은 어느 정도 시간이 지나면서 애정생활의 소망과 현실의 간격이 벌어지기 때문에 생기는 것이다.

사실 진실을 아무 대책도 없이 직시하기란 어려운 일이다. 그 진실이 드러나 일상적인 질서를 심각하게 위협할 수도 있기 때문이다. 욕구와 충족 사이에 벌어진 틈을 메울 능력이 없다고 생각하기 때문에 진실은 사람을 불안하게 한다. 그러므로 우리는

종종 모든 일이 순조롭다고 생각하는 자기기만의 유혹에 빠진
다. 질서정연한 일상생활을 지금까지와 다른 방법으로는 지속
하기 어렵다는 사실이 두렵기 때문이다. 이것은 옳은 생각이다.
따라서 때로는 자기기만의 유혹에 빠지는 것도 나쁘진 않다. 입
센은 《들오리》에서 좀 더 노골적으로 말한다. '보통사람이 하는
고질적인 거짓말을 못하게 한다는 것은 그의 행복을 빼앗는 것
이다.'

　부정직과 자기기만, 고질적인 거짓말을 위해서는 특출한 재
능이 필요하다. 이를 놓고 지나치게 진실을 파고들 필요는 없다.
다시 말해 외도나 불륜에 대해 끝까지 철저하게 증거에 집착해
서는 안 된다는 뜻이다. 오히려 불확실한 상태로 넘어가는 편이
현명하다. 그럼으로써 의혹이 불러일으키는 불유쾌한 결과를
막을 수 있을 것이다. 불문에 붙이는 것은 외도와 불륜에 대한
흔적을 무시하고 이 일에 매달리지 않으며 조사하지 않을 때만
가능하다. 이 같은 경우에 예상할 수 있거나 쉽게 알 수 있는 일
에서 의도적으로 벗어나는 것이다. 조금이라도 수상쩍은 기미
가 있는 모든 문제에서 비켜갈 필요가 있다. 의심하는 대신 별
관심을 두지 않으면 아무 문제도 발생하지 않는다. 마치 모든 것
이 평소처럼 익숙한 것이라 생각하면서 상황을 긍정적으로 보
는 것이다. 파트너의 행동이 수상쩍어도 모른 체 입을 다무는 것

역시 긍정적인 태도라고 할 수 있다.

어쨌든 이처럼 견디기 힘든 상황에서 서로 대화를 나누거나 부부 문제 치료를 받는 경우는 드물다. 부부 관계에서 맛보는 즐거움이 오히려 부담스럽거나 욕구가 점점 줄어들어서 동침이 별로 달갑지 않을 때, 오래 산 배우자와의 섹스는 쾌감을 주지 못한다. 사업적 수완이 탁월한 부부 문제 치료사가 이런 문제를 해결해주겠지 생각하면 오산이다. 물론 치료사들은 흔히 오랜 부부 관계에서 사라진 열정적인 섹스를 회복시킬 수 있다고 주장한다. 하지만 이들은 자신들이 권하는 방법의 효과를 과대평가하는 경향이 있다. 배우자에 대한 욕구가 사라지고 잠자리에서 권태가 생길 때 바람직한 관계로 활력을 되찾는 방법은 부부 스스로가 찾아내야 한다. 종종 특별한 이유 없이도 기쁨이 사라지고 사랑이 식으면서 외도가 시작되는 경우를 본다. 이 유감스러운 상황은 공식적인 파트너 관계가 좋지 않은 방향으로 전개되는 현상이지만 피하거나 고칠 수 있는 것이 아니다. 두 사람이 대화를 늘리고 각기 욕구와 감정과 소망을 더 분명하게 표현한다고 해서 막을 수 있는 현상이 아닌 것이다. 꼭 부부 관계에 이상이 생겨 이런 일이 일어나는 것도 아니다. 모든 부부 문제는 좀 더 많은 대화로 풀 수 있다는 일반적인 편견은, 많은 문제가 바로 거기서 비롯되었다는 중대한 착각 때문에 생긴다.

마찬가지로 비밀을 간직하는 태도가 부부를 서로 멀어지게 한다는 생각도 옳지 않다. 식어버린 정열을 전문가의 도움으로 소생시키려고 하는 쓸데없는 노력을 하는 대신, 외도하면서 그저 침묵을 지키는 태도가 더 효과가 있을 수도 있다. 의논하는 대신 반드시 비밀을 지키라는 말이다. 일찍이 로마의 시인 오비디우스는 애인에게 외도를 허용하면서 다만 자기 모르게 하라는 당부를 하고 있으며, 이처럼 민감한 주제를 다룬 슈니츨러의 《꿈의 노벨레》에서도 주인공 부부의 은밀한 동경을 표현할 때 '나에게 묻지 말아요, 프리돌린 (……) 더 묻지 말아요, 알베르티네'라고 말하며 서로 상대를 제지하는 장면을 보여준다.

어떤 대가를 치르고라도 진실을 알아내겠다는 집착은 상대의 외도나 불륜을 알고 나서 이별하는 것만큼이나 문제가 있다. 부러지는 것보다는 휘어지는 것이 더 지혜로울 때가 많은 법이다. 정직에 기초한 기만은 무익한 진실보다 장점이 있다. 성실하게 핑계를 대는 쪽이, 스스로를 괴롭히는 이 시대의 정직 숭배 현상보다 더 문명적인 것이다. 그것은 결코 도덕의 변질을 의미하는 것이 아니다. 청교도적 가치관에 대한 어설픈 모방은 많은 사람이 범하기 쉬운 과오를 인위적으로 조장하는 경향이 있다. 우리 모두에게 필요한 것은 자유공간이다. 그렇기 때문에 굳건한 신뢰를 지니고 있을 때보다 서로 비밀을 고백할 때 상대에 대한 존중을 드러내려고 한다. '내 마음은 나 홀로 간직한다'라고 강조한 괴테의 베르테르가 보여준 태도는 옳다. 어쩌면 처세술이란 가브리엘 다눈치오^{Gabriele D'Annunzio}가 추측한 대로 '진실을 흐리는' 기술인지도 모른다. 어쨌든 사랑보다는 의심하는 마음에서 고통스럽게 파헤치는 행태를 정직이라고 믿는, 이른바 곧은 사람들은 도덕적 우월감을 과시하지만 이는 그릇된 자만에 지나지 않는다. 왜냐하면 이들의 행태는 보는 것처럼 결코 이타적인 것이 아니라 대부분 이기적인 동기에서 비롯된 것이기 때문이다.

이성적으로 말하건대, 인간에게는 '사회적 욕구배출'이 없어서는 안 된다. 인간이 사고하기 시작한 이래로 윤리적 요구와 현실 생활은 불균형을 이루어왔다. 20세기의 성 해방 이후로도 현실적인 섹스행위가 사회적으로 인정된 표준체계와 부분적으로만 일치한다는 사실은 이런 의심을 더욱 분명하게 해준다. 도덕적으로 높은 잣대를 요구하는 엄격한 일상에서 끊임없이 탈출하려는 성생활과 애정 관계에서 기만은 불가피한 것이다. 현실과 다른 사랑의 맹세에도 불구하고 많은 사람은 성적 일탈을 할 준비가 되어 있으며 이런 경우 대개 마지못해 자신의 의도를 비밀에 붙이게 된다. 이들은 다눈치오의 소설 《쾌락》에 등장하는 주인공 안드레아 스페렐리처럼 '사랑의 기교를 부리며 어떤 위장이나 속임수, 어떤 거짓말도 마다하지 않는다.' 스페렐리의 강점은 대체로 기만술에 있다.

성생활과 애정 관계에서 거짓말은 불가피한 측면이 있고 그 의도는 상대에게 해를 끼치려는 것이 아니다. 그렇다고 해도 거짓말은 당연히 상대의 신뢰를 흔들고 진실에 대한 관심을 멸시하는 태도로 상대의 의사 결정권을 짓밟는 행위임에 틀림없다. 본래 거짓말은 대부분 윤리적으로 비난을 받지만 개별적인 경우에 거짓말은 누적된 충동에너지를 배출하는 기회로써 불가피하기도 하다. 충동에너지는 온건한 도덕체계에서도 지속적인 발산이 어렵다. 거짓말은 공식적으로는 비난받지만 외도와 불륜이 늘 발생하는 성생활과 애정생활에서는 비공식적으로 관용되는 전통에 속한다. 이것은 간단한 문제는 아니지만 너무 심각하게 취급할 필요도 없다. 현실의 삶과 대립되는 교류 형태를 가볍게 여긴다고 해서 해가 되지는 않는다. 어쨌든 기만이 악덕인 것은 분명하다. 다만 화해를 위한 기만은 고통스러운 진실보다 더 사소한 흠이 되는 수가 많다.

거기에 대해서는 빌헬름 부시의 다음과 같은 표현이 적절할 것이다.

사실 자극적이고 매혹적인

이야기가 있다네.

숙모나 조카딸이

결코 입에 담지 않을 뿐.

존경하는 친구여, 요란 떨 것 없네.

다소곳이 침묵하게나.

사람은 엉뚱한 일을 벌이면서

그 일을 덮는다는 사실을 생각하게나.

바람, 외도, 불륜

평온한 삶이 항상 마음속으로 꿈꾸는 행복인 것은 아니다. 개별적으로 성적 충동이 가시지 않는 한, 틀에 갇힌 파트너 관계는 쾌락 욕구를 대체할 수도 없고 다른 섹스 파트너에 대한 동경을 잠재우지도 못한다. 대부분의 장기적인 관계가 갖는 특징은, 남자의 경우 섹스가 너무 적다는 것이고 여자의 경우는 좀 더 다정한 분위기와 애정을 원한다는 것이다. 사람은 섹스와 사랑 두 가지를 찾게 마련인데 이중 하나가 다른 욕구보다 더 클 때도 있고 어느 하나가 다른 하나로 보완되는 경우도 있다. 말하자면 섹스를 위해 사랑을 약속하기도 하고 사랑의 감정을 되살리려고 섹스를 원하기도 한다. 어쨌

든 틀에 박힌 일상적인 관계에서는 관능적인 욕구를 충족하기
가 어렵다. 가톨릭의 섹스 교훈에 따르면 부부간의 사랑은 독점
적이고 궁극적인 의미를 갖기 때문에 배우자가 언제나 유일한
대상이 된다. 하지만 오늘날은 과거에 비해 이 가르침을 위반하
는 경우가 더 많다.

부부는 가장 우선적으로 서로 돌보는 합리적이고 폐쇄적인
일심동체의 의미를 상실했다. 일심동체란 성적인 체험공동체이
며 연모와 성적인 매력, 사랑에 기초한 감정의 동맹체를 가리킨
다. 바로 이런 속성 때문에 부부의 일심동체는 언제든 깨지고 삐
걱거리기 쉬울 수밖에 없다. 섹스 및 애정 관계로서의 부부가 에
로틱한 측면을 강조하게 되면 안정성이 손상된다. 쾌감과 사랑
에 대한 기대감을 지속적으로 함께 충족하기는 어렵기 때문이
다. 자녀양육, 집안 살림, 갖가지 일상의 과제 때문에 섹스와 사
랑에 대한 환상은 깨질 수밖에 없다. 동시에 안락하고 평온한 분
위기는 긴장감이 풀어지게 하고 틀에 박힌 즐거움에는 권태가
따른다. '뱃속의 나비(사랑의 자극이라는 의미–옮긴이)'는 언젠가
'느릿느릿 기어가는 애벌레'로 변하게 마련이다. 백설 공주의
이미지는 어느 틈에 온데간데없어지고 동화에 나오는 눈부신
왕자도 한낱 평범한 '개구리'로 돌아가는 것이다.

그렇다고 해서 에로틱한 욕구가 모두 사라지는 것은 아니다.

배우자와 애무하고 키스하다 보면 좀 더 짜릿한 쾌감에 대한 아쉬움이 남는다. 집 안에서 하는 무덤덤한 애무는 궤도를 벗어난 상상을 자극하게 되고 부부간의 평온한 분위기는 불륜에 대한 욕구를 부른다. 그리고 친숙한 집안의 분위기가 갑자기 마음에 불만을 불러일으킨다. 오랫동안 관계를 지속한 배우자 대신 어딘가 낯선 곳에서 나누는 섹스와 사랑을 갈구하며, 영화나 소설에서 이상적으로 묘사되듯이 다른 대상에게 사랑의 대리만족을 맛보려 한다. 이때 대부분의 사람들은 일시적인 섹스나 정열적인 연애로 도피하며 더러는 자위로 해결하기도 한다. 그것이 어떤 형태로든, 처음에는 평생을 약속한 관계로 여겼던 자극적인 사랑은 시간이 지나면서 차츰 분리되게 마련이다.

평생의 관계와 사랑을 화해시키려고 끊임없이 시도하지만 전망은 어두울 뿐이다. 안락한 가정과 평온한 생활은 시간이 흐르면서 자극과 모험에 대한 욕구와 대립된다. 이 모순을 해결할 수 없기 때문에 참고 견디지 않으면 안 된다. 설령 이 두 가지 요소 중 어느 하나를 선택한다고 해서 상반되는 두 가지 측면의 삶에 변화가 오지는 않는다. 게다가 종종 대립되는 욕구가 더 추가되기도 한다. 현대인은 대체로 독립되고 자유로운 삶을 원하면서 동시에 다른 한편으로는 서로 결속하고 의지하고 있기 때문이다. 때로 날이 저물면 집에 가고 싶지 않은 욕구가 강하게 일어날 때도 있다. 하지만 가벼운 일탈욕구가 있다고 해서 이것이 곧 생활방식의 질서와 안정을 위협하고 거짓말로 이어진다는 말은 아니다. 안정된 관계와 정열적인 사랑, 두 가지 중 어느 하나만 이 옳다고 말할 수 있는가? 세상에는 어쩔 수 없이 반쪽의 삶만 선택하는 사람이 얼마나 많은가? 상반되는 두 가지 삶을 동시에 추구하는, 이른바 이중생활이 많은 것은 어쩌면 이런 이유 때문이 아닐까?

새로운 상대에게 자극받고 싶은 욕구 때문에 기존 관계가 위험해질 것을 무릅쓰고 이중생활을 하는 것인지도 모른다. 서로 불만과 좌절, 분노를 느끼면서도 신의를 유지하며 불행한 관계를 지속하는 부부가 많은 것처럼, 행복한 결혼생활을 하는데도 외도하는 사람도 많다. 이런 사람은 부부 관계를 해칠 만한 특별한 요인이 없는데도 성적 자극을 느끼지 못한다. 사실 성적 관심이 근본적으로 평생 똑같은 상대에게 고착되는 경우는 드물다. 비록 지금은 뜨거운 열정에 몸 달아 있다 해도 그 밑에는 언젠가 하품을 하게 될 미래의 권태가 숨어 있는 것이며 어떤 쾌락이든지 미래의 싫증이 깔려 있게 마련이다. 이것이 모든 인간의 운명이다. 그렇다면 부부 관계에서 만족시킬 수 없는 동경은 어찌하란 말인가? 아무리 배우자를 사랑한다고 해도 상대의 육체가 자신의 구미에 당기지 않는 순간이 오는 것은 어쩔 수 없다.

물론 성적 자극이 식은 뒤에도 서로 별 문제없이 지내는 부부도 있다. 성적으로 불만이 있다고 해서 반드시 마음속의 신의가 깨지는 것은 아니다. 성적 욕구와 심리적인 결속은 시간이 지나면서 분리되기 때문에 정신적 접점이 없는 섹스 행위가 가능해진다. 이렇게 되면 뚜렷한 정신적 몰입이 없이도 쾌락의 에너지가 발동하게 된다. 사랑의 감정 없이도 온갖 기술을 동원해 섹스할 수 있는 것이다. 감정적으로 별다른 의미가 없어도 '즉석 데이트'를 하려는 의지와 능력에 있어서는 남자가 여자보다 더 우월한 것으로 보인다.

어떤 사람들은 부부 외적인 성적 접촉의 욕구를 정서적 결핍의 표현으로 보고 죄악시하는 반면, 삶의 질이 높아진 것으로 여기는 사람도 있다. 이른바 개방적인 관계에서는 함께 다투어서 일단락 지을 수 있는 문제도 폐쇄적인 관계라면 혼자서 아픈 가슴을 달랠 수밖에 없다. 이런 관계에서는 정확한 시간에 귀가하는 것보다 서로간의 신의를 더 중시하며 관계가 깨지지 않는 한 상처를 밖으로 드러내지 않는다. 성의 해방이 성적 일탈에 대한 강박관념이나 공포심을 해소시키고 과거의 도덕적인 이중 잣대를 제거해주기는 했지만 동시에 개인을 끊임없는 혼란과 불안으로 몰고 간 것도 사실이다. 오늘날 은밀한 관계를 맺고 난 후 이 관계가 본래 자신이 바라던 것이 아니라는 사실을 깨닫는 경우는 흔하다. 반대로 지속적이고 독점적인 사랑에 기초한 관계를 바라면서도 결과적으로는 여러 애인의 품에 안기는 경우도 많다.

새로운 상대로 교체하려는 욕구 자체는 끊임없이 새로운 성적 접촉에 대한 충동으로 이어지게 마련이다. 심지어 인생의 성공을 '당신은 마음속에 품은 욕구와 일치된 행동을 했는가?'라는 라캉Jacques Lacan이 제기한 물음에 맞추려는 사람들도 있다.

어쨌든 '일부일처제'는 여러 관계 중 한 가지 삶의 형태일 뿐이다. 널리 퍼져 있는 형태로 '이중 바탕의 일부일처제'가 있는데 여기서는 본래의 관계 외에 은밀한 한 명 또는 다수의 애인과 관계를 맺는다. 세 번째 형태는 '개방적인 관계'이며 네 번째는 '연속적인 일부일처제'이다. 이것은 일정 기간 한 파트너와 관계를 맺고 다른 상대가 생기면 헤어지고 다시 새로운 관계를 맺는 방식이다. 이런 형태에서는 손쉽게 '부부의 사슬'이 형성되며 여기서 '조각모음의 가정patchworkfamily'이 나온다. 다섯 번째 형태는 '동시적 일부다처제(일처다부제)'로서 한 사람이 다수의 상대와 성적 접촉을 갖는다. '하룻밤의 사랑One-Night-Stand'과 '내연의 관계'도 이 범주에 속한다. 여기서는 수시로 성적 접촉을 가지며 둘만 어울릴 뿐 아니라 셋이나 집단으로 관계를 맺는 경우도 흔하다. 하룻밤의 사랑에서 드러나는 특징은 사전계획도

없고 지속적인 관계도 없이 발생하는 익명의 '즉흥적인 성교'
다. '언제나 매우 편리하지만 그렇다고 아주 나쁠 것도 없다'라
고 슈니츨러가 말한 대로, 오직 섹스만을 목표로 창녀를 찾는 일
도 여기에 속한다. 게다가 스와핑 클럽이 점점 인기를 얻고 있는
데, 에로틱한 쾌감을 찾아 약물을 복용하여 환각 상태에 빠지거
나 색다른 자극을 맛보기 위해서다. 이 형태는 부부 관계를 확대
한 것으로 부부가 함께 밖에서 성적인 '짝 바꾸기 게임'에 몰입
한다. 이 모든 형태는 새삼 특별한 것도 아니고 각각 나름대로
특징이 있을 뿐이다.

그동안 서구에서는 순수한 성적 교제가 전에 비해 더 쉬워졌
다. 어쨌든 부부 관계는 이제 섹스의 유일한 수단도 아니고 번식
을 목표로 하고 있지도 않다. 또 섹스는 부부 관계와 애정을 기
초로 정당화시킬 필요도 없다. 오늘날의 섹스는 과거에 존재했
던 상위목표 없이 오직 쾌락 추구를 위해 행해지고 있을 뿐이다.
애정이나 지조를 맹세하는 부부 관계의 목적은 더 이상 섹스의
전제조건이 아니다. "한 번 재미 보고 보내줘!"라는 구호에 따
라 많은 사람이 일회적인 섹스에 탐닉한다. 양심의 가책 따위는
전혀 없이 그저 '낚아서 데리고 가 벗기는' 충동을 좇는 것이다.
한마디로 인생을 복잡하게 생각할 필요가 없다는 식이다. 그렇
게 하지 않으면 인생이 너무 무미건조하기 때문이다. 테오도르

폰타네도 '가볍게 즐기는 것이 우리가 할 수 있는 최선의 선택이다'라고 말하지 않았나.

진실이 알려질 때

배우자를 속이거나 상처를 주지 않고 살아가기란 매우 어려운 일이다. 많은 외도와 불륜이 비밀이라는 매력 때문이기도 하지만 대체로 은밀히 이루어지는 까닭은, 속여야 하는 배우자를 모욕감과 정신적 혼란에서 보호하기 위해서다. 그런데 불륜을 저지르는 사람들 중 일부는 온갖 성적 만족을 추구하면서도 배우자에게 자신의 불륜 행각을 털어놓음으로써 양심의 부담을 덜고자 한다. 이들은 거짓말을 오래 지속하지 못한다. 게다가 이들은 대개 배우자가 진실을 알고 싶어 하는지, 그 진실을 견딜 수 있는지에 대해서도 별 관심이 없다. 고백에 집착하는 것은 도덕적인 양심의 가책에서 나온 것이긴 하지만 지나치게 개방적인 태도는 오히려 신뢰를 손상시킬 뿐이다.

그럼에도 불구하고 요즘 사람들은 지조의 가치를 액면 그대로 평가하기 때문에 배우자에게 '숨김없이 말하는 것'을 공정하다고 생각한다. 그럼으로써 배우자가 존중받고 이에 따라 배우자 스스로 살아갈 방향을 결정할 수 있다며 있는 그대로의 진실을 알 권리가 있다고 판단하는 것이다. 하지만 외도와 불륜은 뜻하지 않게 우연히 드러나는 경우가 대부분이다.

진실이 드러날 때 보통 장기적 관계를 맺은 동반자는 견디기 힘들어 하고 때로는 깊은 상처를 받는다. 절망의 눈물을 흘리고 몸부림치며 불같이 화를 내고 악의적으로 반발하면서 밤새도록 분노를 삭이지 못하는 것이 일반적이다. 저주의 말을 퍼붓거나 폭력을 쓰기도 한다. 심한 경우 이 폭력은 온 가족을 죽이고 자살할 정도의 극단으로 치닫기도 한다.

배신당한 여자나 남자는 마음의 상처 때문에 밤새 울부짖고 가재도구를 깨부수며 극단의 분노를 표출한다. 이때는 이미 서로 실질적인 대화는 불가능하며 대화라고 해야 배신에 대한 악담이 대부분이다.

배신을 당한 쪽에서는 경쟁자 때문에 그들의 관계가 깨졌다고 생각하며 무서운 질투에 휩싸인다. 동시에 자신으로서는 굴욕적인 온갖 장면이 머릿속에 떠오른다. 나의 배우자가 제3자의 품에 안기고 그 자의 음탕한 손길이 배우자의 벌거벗은 몸을 더듬는 상상은 견딜 수 없는 것이다. 배우자가 자신이 아닌 다른 상대의 입에 혀를 깊숙이 집어넣고 몸을 포개며 같이 잔다는 상상에 치를 떤다.

하지만 배신당했다고 해서 배우자에 대한 애정이 완전히 식는 것은 아니다. 오히려 배우자를 빼앗기지 않고 자신 곁에 계속 붙잡아두려고 하며 어쨌든 제3자에게는 결코 넘겨주지 않으려고 한다.

질투심의 배후에는 흔히 버림받을지 모른다는 불안이 숨어 있다. 질투는 인류의 오랜 생물학적 유산이지만 지금은 문화가 많이 달라져서 좀 더 세련된 방법으로 대처할 수도 있을 것이다. 그리고 배신을 당한 사람은 배우자가 제3자에게 유혹당했다는 사실 때문에 굴욕과 모욕을 느낀다. 따라서 배신을 당한 쪽에서 경쟁자를 심하게 평가절하하며 가능하면 온갖 약점을 덮어씌우는 것은 결코 이상한 일이 아니다. 자신과 동고동락을 함께한 사람이 어떻게 잘 알지도 못하는 상대에게 마음을 빼앗겼는지에 대해서는 전혀 알려고 하지 않는다.

한편으로, 배신을 당한 쪽이 기만과 거짓말이 이미 습관화돼 있는 경우라면 이처럼 경쟁자에게 분개하는 반응을 보이는 것은 어찌 보면 모순처럼 보인다. 자신은 끊임없이 바람을 피우면서도 배우자의 외도에는 펄쩍 뛰는 사람도 있다.

이 밖에도 배신을 당한 사람은 이웃이나 지인들의 동정심이나 흥미를 유발시킴으로써 체면이 손상될까 봐 두려워한다. 주변 사람들의 호기심은 보통 이상으로 강할 때가 많다. 이런 이야

깃거리야말로 기분전환을 하는 데는 더없이 즐거움을 주기 때문이다. 이렇듯 감정이 격앙된 상태에서는 대개 배우자가 바람을 피웠다는 사실 자체보다 거짓말이 더 가슴 아프게 받아들여진다.

어쩌면 솔직하게 고백하는 것이 타당할지도 모르지만 이것은 어느 정도 고통스러운 흥분과 상처가 가라앉아야 가능한 일이다. 흥분이 진정된 상태에서라야 냉정한 사고가 가능하고 서로 상대의 말에 귀를 기울일 수 있을 것이다. 자기감정이나 불안, 동경, 모욕감에 대해 되돌아볼 여유가 필요하기 때문에 차분한 대화는 당장 가능하지 않다.

하지만 대화만으로도 충분히 다시 불화를 일으키지 않고 상황을 진정시킬 수는 있다. 그 거짓말이 악의에서가 아니라 복잡하게 얽힌 생활 때문에 나온 것이라면 속은 쪽에서 지나치게 문제 삼아서는 안 될 것이다. 그리고 거짓말을 한 사람은 배우자의 분노와 비난을 감수해가며 자신과 자신의 행동을 적극 해명해야 한다. 이때 두 사람 중 누구도 고통과 고립무원으로 몰고 가는 말에 귀를 기울여서는 안 된다. 이런 상황에서는 제대로 정리되지 않은 생각이 성급하게 입 밖으로 튀어나오기 때문이다. 그러므로 결코 해서는 안 될 말을 쉽게 내뱉기도 한다.

증오와 분노에 휩싸이지 않더라도 모욕감이나 속은 것에 대해 수치심을 느낄 수도 있다. 이럴 때 상대를 용서함으로써 심신의 건강을 해치는 스트레스를 피할 수 있는 사람은 복 받은 것이다. 용서하는 사람은 스스로 대단한 호의를 베풀었음을 입증해 보일 수도 있다. 스트린드베리가 말하듯이 견뎌내는 기술은 '대수롭지 않게 여기고 지나치는 것'에 있다. 이 말은 생존을 위기에 빠트리지 않기 위해 용서하고 아픔을 떨쳐내며 잊는다는 뜻이다. 물론 모든 일이 해결되어 설사 과거에 종지부를 찍고 미래지향적인 신의가 다시 형성된다고 해도 아무래도 전과 같지는 않을 것이다.

이러한 관계 회복은 성적인 측면에서 파트너 관계가 얼마나 아픔을 겪는가에 따라, 부부 외적인 성적 접촉과 로맨스에 대한 욕구가 얼마나 강렬한가에 따라 다양한 형태로 나타날 수 있다. 다시는 그런 행동을 하지 않고 오직 상대만을 사랑하겠다고 다짐하는 경우도 있고, 겉으로 드러내지는 않아도 다소 개방적인 파트너 관계로 가기로 합의하는 경우도 있다. 더러는 선선히 갈라서기로 결정하거나 또는 싸움 끝에 완전히 헤어지기도 한다. 올바른 해결책을 모색할 때는 부부 문제 치료를 받는 것이 큰 도움이 될 수 있다. 외도가 비교적 사소한 하룻밤 사랑의 범위를 넘지 않는 부부라면 오히려 관계 회복을 위한 좋은 기회가 될 수도 있을 것이다.

과거에도 얼마든지 있었고 앞으로도 수없이 일어날 수 있는 일이 자신에게 일어났다는 사실만으로 세상을 비관할 필요는 없다. 어쨌든 어리석은 모험심 때문에 하게 되는 이혼은 일종의 유아적 미성숙의 증거일 뿐이다.

또 섹스가 시들해지고 뜨거운 열정이 꺼졌는데도 상호 결속과 조화나 신뢰가 여전히 강한 사이라면 관계를 지속할 기회는 얼마든지 있다. 이와 달리 지속적으로 불화하고 끊임없이 제3자에게 정열적인 사랑을 찾는 경우라면 공식적인 관계를 끝낼 충분한 사유가 될 수 있다. 공동의 관계를 이어갈 만큼 서로 이해심이 없고 잠자리에서도 혐오와 분노, 권태밖에 느끼지 못한다면 고통스러운 단계로 진입할 도리밖에 없다.

단지 두 사람이 같이 살고 싶어서 온갖 불륜에 상관없이 관대하게 넘어가는 부부라 해도 바람직한 일부일처제의 미래를 기약할 수는 없다. 슈니츨러는 이렇게 표현한다.

"이제 우리는 잘 알잖아요", 그 여자가 말했다. 남자는 '영원히'라는 말을 하고 싶었지만 여자가 손가락으로 그의 입을 막으며 속삭였다. "절대 미래는 믿지 말아요."

채팅방, 포르노 사이트,
데이트 카페

요즘 시간이 남아서 빈둥거리는 사람들은 인터넷에서 채팅을 한다. 인터넷을 매개로 이루어지는 섹스는 우리 사회에서 가장 수요가 많은 소비재가 되었다. 성적 만족을 위해 적당한 사진이나 동영상 자료를 찾는 사람도 있고 사이버섹스, 즉 인터넷에서 만난 상대와 성적 접촉을 즐기는 사람도 있다.

몇 년 전까지만 해도 포르노물을 이용해 자위를 하는 사람은 성인영화관이나 칸막이가 된 섹스 숍의 비좁은 좌석을 이용하는 수준이었다. 그런데 요즘은 이런 일을 집 안의 거실에 앉아 DVD 플레이어나 개인용 컴퓨터, 또는 랩탑 컴퓨터나 노트북을 이용한다거나 침대에 누워 아이패드로 간단하게 처리할 수 있다. 더구나 스마트폰까지 나오는 바람에 집에 혼자 있을 때면 인터넷으로 섹스 채팅을 하거나 포르노를 보는 남녀가 엄청나게 늘어났다. 또 무료로 음란물을 제공하는 사이트도 점점 늘고 있다.

사이버항해자들이 공공연히 성적 접촉을 할 수 있는 것은 마치 칸막이가 된 고해실에서 죄를 고백하는 것처럼 얼굴을 보이지 않고 익명으로 이용할 수 있기 때문이다. 인터넷은 말 대신 문자로 접촉함으로써 이용자들의 부담감을 덜어주며, 스스로 비밀사이트를 개설하는 것도 가능하게 해주었다. 이용자들 대부분이 실제로 접촉할 때보다 채팅방에서 더 솔직한 대화를 나누기도 한다. 동시에 인터넷은 자신이 원하는 이상적인 모습으로 '위장'하는 것도 가능하게 해준다. 위장하는 사람은 대부분 나이와 체중, 몸매, 직업을 속이거나 가짜 사진을 올리기도 하고 가정환경을 부풀려 자신을 홍보한다.

가상의 섹스 세계에 몰입하는 것은 파트너 관계에 심각한 해를 끼칠 수 있다. 이런 습관이 이별이나 이혼의 원인이 될 수 있다는 사실은 이미 입증되었다. 따라서 다양한 포르노물이나 사이버섹스로 자기만족을 찾는 것도 일종의 외도로 간주할 수 있다. 다만 이런 형태로 이루어지는 일종의 간통은 너그럽게 무시하거나 심각하게 생각하지 않을 필요는 있다. 인터넷을 이용한 외도에 대해 어떤 태도를 취해야 할 것인가라는 질문에 대답은 한 가지밖에 없다. '관대하게 무시하라!'는 것이다. '욕구 배출'은 꼭 필요하기 때문이다.

항해시스템으로서의 인터넷 활용은, 에바 일루즈Eva Illouz가 강조하듯이 성적 접촉을 모색하고 인생의 동반자를 찾는 과정에서 자기 존재의 내면화와 표면화 기능을 한다. 각 개인이 고유한 특징과 소망, 성향, 이상을 분명하게 인식하기 위해 자신에 대해 깊은 성찰을 하는 한, 이런 습관은 내면화의 과정에 접근할 수밖에 없다. 이와 같이 자기인식이 강화되면 공적인 자기묘사, 즉 표면화가 수반된다. 수요와 공급의 원칙이 적용되는 공개 시장에서 자신을 다른 경쟁자와 경쟁을 벌이는 상품으로 내세우기 때문이다. 단순한 섹스나 장기적인 관계를 맺기 위해 새로운 상대를 찾을 목적으로 채팅을 할 때는 흔히 흥정을 하게 된다. 물론 채팅이 빈번히 만남의 약속으로 이어지는 것은 아니지만 그 배후에는 사전쾌감이 도사리고 있다. 대개 수주일 동안 이메일로 음습한 환상과 백일몽을 서로 주고받다 보면 대화는 차츰 공허해질 수밖에 없다. 그 사이 새로운 상대가 나타났기 때문이다. 많은 사람들이 진지한 접촉을 하지 않고 단지 이런 기회 자체를 즐기는 이유는 자신의 상품가치를 철저하게 확인할 수 없거나 자신감이 없기 때문이다.

인터넷에 의존해 적당한 상대를 찾아 데이트를 할 때 느끼는 실망은 의외로 크다. 기대치가 현실에 맞지 않게 너무 높아서일 수도 있고 인터넷에 올린 사진과 정보가 실물과 크게 다르기 때문이기도 하다. 인터넷이라는 가상의 공간에서 문자를 주고받는 것과 실제로 만나는 것은 다르다. 비록 오랫동안 채팅을 해온 사이고 비교적 자신의 취향에 맞을 거라고 확신했음에도 정작 만나는 순간 또는 몇 분 지나지 않아 자신이 원하던 상대가 아니라는 것을 깨닫는 일은 흔하다.

이런 만남을 위한 사이트의 이용자들은 대부분 거기서 자신과 비슷하거나 어울리는 애인을 만날 수 있을 것으로 기대한다. 어쨌든 인터넷을 이용해 파트너를 찾으려는 시도가, 컴퓨터 앞에 앉아 쓸데없이 시간을 허비할 위험이 있기는 해도, 반드시 정신생활의 빈곤을 가져오는 것은 아니다. 또 인터넷은 다른 방법으로는 쉽게 찾을 수 없는 매혹적이고 부담 없는 접촉 가능성을 제공하기도 한다. 그럼으로써 수많은 애정 관계와 연애 네트워크가 형성되는 것이다. 인터넷에서 알게 된 상대와 섹스를 할 목적으로 출장을 가거나 유원지를 찾는 남녀도 많다. 특히 너나 할 것 없이 휴대전화를 갖게 된 이후로 은밀한 연애를 즐기는 것은 더욱 쉬워졌다.

많은 사람들이 이 상대 저 상대를 찾아 떠돌면서 여러 파트너를 탐닉한다. 그들은 되도록 풍족한 사냥감을 찾기 위해 뻔뻔하게 위장하고 기만의 그물을 친다. 한 상대가 싫증나면 이내 다른 상대의 가슴에서 위로를 찾거나 여러 명의 애인과 균형이 잡힌 관계를 유지하는 사람도 많다. 이들은 전통적인 방식과 대립하는 삶을 통해 생활의 균형을 유지한다.

이와 같이 새로운 미디어 덕분에 서로 모르게 다수의 상대와 매혹적인 모험을 병행하는 것이 용이해졌다. 어쩌면 그들은 상대가 유일한 애인인 것처럼 행동할지도 모른다. 이런 관계는 얼마 동안은 유지될 수 있는데, 문자서비스나 이메일, 휴대전화로 필요할 때마다 섹스 파트너와 접촉할 수 있기 때문이다. 그렇지만 상대는 전혀 모를 수도 있다. 애인이 지금 사랑을 호소하고 있는 장소가 어딘지, 집인지 사무실인지, 아니면 제2의 파트너와 즐기는 침대에서 메시지를 보내는 것인지 알 수 없기 때문이다.

인터넷에서 중요한 인적사항을 사진 없이 문자로만 접할 때는 새로운 파트너를 사귈 가능성이 낮아진다. 연애 사이트의 채팅방에서는 '사진이 없으면 응하지 마라!'는 것이 불문율로 되어 있다. 이 말은 가상의 중매소에서도 무엇보다 외모를 우선적인 경쟁력으로 꼽는다는 분명한 증거다. 단순한 성적 접촉을 위해서라면 피상적인 외모를 중시하는 것은 당연하다. 자신의 시장가치를 어느 정도 현실적으로 평가할 능력이 있는 사람이라면 자신에게 만족할 상대가 많지 않다는 생각을 할 수도 있다. 그다지 매력이 없는 사람의 경우에는 계속해서 퇴짜를 맞지 않으려고 상대가 유난히 매력적이면 오히려 지레 포기하기도 한다.

사실 로맨틱한 관계라고 해도 처음에는 내면의 가치보다 외모를 더 중시한다. 이른바 즉석 데이트를 원할 때는 특히 이런 경향이 강하다. 즉석 데이트로 짝을 찾는 미팅에서는 보통 동네

주점에서 5명에서 10명의 독신녀들이 같은 수의 남자와 만나게 된다. 그리고 틀에 박힌 듯이 몇 분간 상대를 바꿔가며 짤막한 대화를 나눈다. 이어 자신이 다시 만나고 싶은 상대를 쪽지에 적 는다. 이런 짝짓기 게임에서는 미래의 파트너에게 바라는 특징 이 정해져 있다. 보통 적당한 소득과 건강, 자녀 출산 계획, 성실 성, 지적 수준, 유머감각 등이 기준이 된다.

이런 연애게임에서 본인이 내세우는 자랑거리는 중요한 변수 가 되지 못한다. 상대를 다시 만나고 싶다는 바람에 결정적인 작 용을 하는 요인은 대부분 외적인 매력이다. 바로 여기에서 우리 인간이 관계를 시작할 때 얼마나 외모를 중요시하는지, 왜 사진 이 없는 인터넷의 접촉이 별 효과가 없는지가 다시 한 번 드러난 다. 외모는 연애나 남녀 관계에서 입장권 같은 역할을 하는 셈이 다. 앞에서 지적한 것처럼, 이런 점에서 인간세계는 집단구혼장 에서 화려한 뿔과 늠름한 춤, 다채로운 깃털과 감미로운 노래로 암컷을 유혹하는 동물세계와 그다지 다를 바가 없다. 인간이 모 든 관계에서 아직 원시 상태를 완전히 벗어날 만큼 진화한 것이 아니라는 것은 거의 확실하다. 하지만 여자의 입장에서는 높은 에스트로겐 수치와 그에 따른 성공적인 출산을 보장하는 잘록 한 허리, 풍만한 가슴, 부드러운 용모 외에 관계의 지속이 더 중 요하다. 이에 비해 남자는 단지 높은 테스토스테론 수치와 건강

미를 상징하는 근육과 떡 벌어진 어깨, 각진 얼굴 이상으로 관계
의 성공을 바란다.

물론 첫 접촉에서 중요한 역할을 하는 것은 눈에 띄는 외모다.
더러 자극적인 요부형이나 준수한 미남형보다 따뜻한 '엄마'나
착실한 '아빠'의 이미지를 지닌 파트너를 찾는 경우도 있지만
많은 여자들이 결국은 단지 '성공한 거물'을 남편으로 얻는다.

궁극적으로 지속적인 관계를 가늠할 수 있는 것은 비슷한 생
활이나 사고방식 그리고 교양이나 소득, 사회적인 지위가 동일
한 상대를 찾느냐에 달려 있다. 사람은 흔히 사회적인 환경에 따
라 유유상종을 하며 이 환경을 매개로 가까워진다. 만약 누군가
에게 파트너를 선택하는 주요 기준이 소득과 사회적 지위, 취미
와 교양수준이 아니냐고 하면 아마 반발할 것이다. 대부분의 사
람들은 무엇보다 애정이 우선이며 미래의 파트너의 사회적 지
위는 중요한 조건이 아니라고 주장하니 말이다. 그럼에도 불구
하고 동일한 사회 계층끼리 즐겨 어울리는 것은 부인할 수 없는
사실이다. 사람들은 대체로 자신의 사회적 지위에 걸맞은 파트
너를 선택하며 장기적인 관계도 동일한 사회적 환경의 구성원
사이에서 맺는다. 학식이 높은 사람이 단순 노동자와 결혼하는
일은 드물다. 파트너를 구하는 사람을 보면 어느 정도는 무의
식적으로 사회경제적 조건에 맞추려고 하는데, 이런 조건은 근

대 이전의 사회에서 부모들이 자녀를 결혼시킬 때 중시하던 것이다.

그런데 가상의 파트너 시장에서 성적 매력을 찾아 단순히 외도를 할 때는 이와 전혀 다른 양상을 보인다. 이때는 같은 생활 방식이나 사고방식은 중시하지 않는다. 단지 '성적 매력'만 있으면 된다. 단, 부담 없는 하룻밤 사랑이라 해도 관능적인 열정으로 인해 격렬한 감정의 파도에 휩쓸릴 수도 있다. 지속적으로 성적 접촉을 하다 보면 상황이 걷잡을 수 없이 복잡해질 수 있다는 말이다. 섹스 파트너를 자주 만날수록 사랑의 감정은 통제력을 상실할 위험이 커지기 때문이다. 동침 그 자체에 매몰되는 것이다. 따라서 외도가 연애로 변하고 머잖아 이중의 애정 관계로 발전하다 비극으로 끝나는 경우가 흔히 있다.

셋 중 하나는 떠나야 한다

'지조를 지키는 사람은 진부한 사랑밖에 모른다. 사랑의 비극을 아는 사람은 지조를 지키지 않는다.' 오스카 와일드가 한 말이다. 오랜 세월 파트너와 견고한 관계를 맺으며 산 사람이라 할지라도 밖에서 새로운 사람을 볼 때면 동화에 나오는 백설 공주나 백마를 탄 기사를 상상하며 오랜 시간 욕망의 동반자로 마음속에 담아둔다. 자신의 부부 관계에 대해 "'거의' 잘될 뻔했는데", "'거의' 행운을 잡을 뻔했는데"라며 '거의'라는 말로 아쉬움을 토로하는 사람을 보면 안쓰럽다는 생각이 든다. 과거에는 결코 실망하지도 않았으며 한때는 분명 평생의 동반자라고 생각하며 사랑했기 때문이다.

많은 사람들이 은밀한 모험을 추구하는 이유는 만만한 상대를 사냥하고 싶은 욕구를 쉽게 억누르지 못하기 때문이다. 어떤 사람들은 이미 논란을 빚은 습관과 일상의 근심거리 때문에 바람을 피운다. 일상의 근심에 싸여 싱싱한 욕구와 환상, 자유분방한 기질을 빼앗겼다고 생각하기 때문이다. 또는 새로운 애정 관계에서 성적 만족을 얻을 수 있기에 바람을 피우는 사람도 있다. 아마 기존의 파트너는 이런 욕구를 충족시키지 못할 것이다.

불륜이나 이중 관계는 처음에는 그 은밀한 속성 때문에 유난히 매혹적이며 그로 인해 열정이 더욱 뜨겁게 불타오르게 마련이다. 하우프트만은 '모든 새로운 시작은 유난히 자극적이다'라고 말한 적이 있다. 매일 밤 함께 잘 수도 없고 더러운 빨랫감과 성가신 일이 기다리는 일상을 공유하는 대신, 약속을 위해 곱게 단장하고 기다리는 달콤함은 기분을 들뜨게 하고 긴장감을 높여준다. 말하자면 비밀스러운 매력과 일상을 벗어난 분위기에서 한계를 뛰어 넘는 감정이 솟아나는 것이다. 그것은 금지된 사랑이라는 달콤한 동경을 짜릿하게 맛보게 해준다. 그런 사랑은 오랜 가뭄 끝에 내리는 단비와 같다. 마치 부모 몰래 첫사랑을 꿈꾸던 사춘기처럼 다시 젊어진 기분이 든다.

이런 쾌감 속에서 집요하게 다가오는 지속적인 행복의 꿈을 떨쳐버리기란 쉽지 않다. 도취적인 경험의 금지된 틈바구니에서 자신이 보일 수 있는 최고의 모습만 서로 연출하기 때문에 새 애인에 대한 환상이 쉽게 형성된다. 따라서 상대의 모습을 실제로 검증할 수 있는 현실세계는 결여될 수밖에 없다. 하지만 이것을 꼭 단점이라고 할 수만은 없는 것이, 오히려 처음에는 손해보다 이익을 주며 강력한 욕구를 불러일으키고 서로에게 한때나마 자극적인 사랑의 모험을 제공한다.

때로는 미친 사람처럼 보일 수도 있다. 그 여자 또는 그 남자의 말 한 마디에 행복과 불행이 왔다 갔다 하며 그 사람과 함께라면 배우자나 자녀, 친구, 집을 팽개치고 세상 끝까지 따라갈 수 있을 것 같은 기분이 든다. 도대체 누구를 위해 정신을 차리란 말인가? 온통 마음을 빼앗겨도 시원치 않은 판에 왜 자제해야 한단 말인가? 그럴 수는 없다! 무엇 때문에? 인생은 한 번뿐인데…….

그러다 보면 도덕보다는 순간의 향락이 우선시되며 자꾸 주의력이 산만해지면서 아름다운 환상에 익숙해지게 된다. 긴 안목에서 불행을 방지하는 것보다 비록 짧지만 한때의 쾌락을 누리는 것이 더 중요하다고 여기는 것이다. 이것은 마치 불가피한 미래의 이별이 예정되어 있는 현재에 빠져 그 행복한 단꿈에 굴복하는 모습과 같다. 하지만 사려 깊은 사람이라면 언젠가는 빠져나갈 수 없는 막다른 길에 다다라 고통스러운 좌절감을 맛보리라는 것을 쉽게 예상할 수 있다. 이런 사람은 쾌감 뒤에 도사린 위험성을 단번에 판단할 수 있는 섬세한 지각능력을 갖추고 있기 때문이다. 앞으로 다가올 고통에 대한 예감은 달콤한 애무를 할 때조차 우울해지게 만든다. 행복의 절정을 맛보는 바로 그 순간에 그 행복이 무상하다는 고통스러운 감정을 떨치지 못하는 것이다. 이런 사랑의 우울증 환자는 비록 최고의 행복을 맛본다고 해도 욕구충족의 순간을 이미 멀어진 과거의 추억으로 돌린다.

그렇다고 이처럼 이별을 충분히 예감하고 그 순간을 미리 겪었다고 해서 사랑의 모험이 끝나는 것은 아니다. 때가 되기 전에 미리 모든 것을 꼼꼼히 생각하는 것은 근본적으로 이들 당사자들에게는 전혀 의미가 없다. 그 때문에 많은 사람들이 이런 애정생활이 잘못된 줄 알면서도 굳이 이 시점의 의미를 따지려고 하지 않는 것이다. 어쨌든 앞으로 어떻게 전개될지는 모르는 일 아닌가. 이들은 단지 시간이 가면 이 은밀한 연애의 꿈같은 낙원의 분위기는 사라지고 지옥의 분위기로 끝난다는 이유 때문에 서로 헤어질 수 없다는 생각만 할 뿐이다. 어쩌면 사랑한다는 것은 자신의 인생을 파괴한다는 의미인지도 모른다.

비공식적인 사랑을 하는 사람들은 언젠가는 더 이상의 비밀 유지가 어려워지는 상황을 맞게 된다. 이들은 실제로 견딜 수 있는 것 이상으로 터무니없이 자신감을 갖기도 한다. 그러다가 마침내 전화나 문자, 만나기로 한 약속, 서로 분명한 결단을 기다리는 것을 더 이상 참지 못하는 날이 찾아온다. 갑자기 자신들의 불투명한 상황이 견딜 수 없어지는 것이다. 그리고 정상적인 생활과 견고하고 지속적인 관계로 돌아가고 싶은 마음이 간절해진다. 어느덧 비밀의 매력은 사라지고 만다. 이제 더 이상 크리스마스나 망년회, 생일이나 휴가를 사람들 몰래 보내고 싶지 않은 마음이 생긴다. 스케줄을 자꾸 조정해야 하는 것도 싫고 집으로 돌아가기 전에 샤워를 해서 체취를 지우는 일에도 짜증이 난다. 특히 두 사람 중 한 쪽은 상대를 유일한 애인으로 만나는 데 비해 다른 쪽이 아내나 남편이 있는 경우라면 더 힘들다.

이때의 불만은, 지금까지 은밀하게 즐겨온 연애의 장점보다 단점이 부각되는 단계로 확대된다. 두 사람의 관계가 정상적인 형태로 발전할 수 없기 때문에 행복했던 관계는 이내 불행한 정사情事로 변한다. 공동의 미래를 꿈꿀 수 없다는 냉정한 현실감이 갑자기 뜨거웠던 환상을 무력하게 만드는 것이다. 그리고 더이상 관계가 발전할 여지가 없다는 생각에서 자신이 마치 감정의 장난감이나 용도가 다한 대용품이라는 인식이 싹트게 된다. 괴테가 베르테르의 입을 빌어 말하듯 '세 사람 중 한 사람은 떠나야 한다'라는 냉혹한 인식에 이르게 되는 것이다. 이런 상황에서 애인은 '특별석의 안락의자'에 앉고 공식적인 배우자는 '객석의 나무의자'에 앉는 형국을 피할 수 없다. 촛불을 밝힌 만찬석상에서 귀를 활짝 열고 다정한 말을 들으려는 심리는 오랜 세월 함께 산 동반자보다는 애인을 향하기 때문이다. 무엇보다 자녀양육이나 집안 살림, 정원 가꾸기 같은 일에 얽매이는 부인과 애인은 다를 수밖에 없다. 물론 애인의 관점에서는 상대의 남편이나 부인을 누르고 끈끈한 사랑을 독차지하고 싶은 마음에 금지된 사랑이 전제된다는 사실을 인정하고 싶지 않을 것이다. 애인이 만약 부인이나 남편의 자격이라면 당연히 더 좋을 것이다.

세상이 아무리 달라졌다 해도 뜨거운 사랑 때문에 오랜 동반자와 헤어진다는 것은 쉽지 않은 일이다. 사람들은 대부분 아무리 힘들어도 배우자를 떠나려 하지 않는다. 새로운 사랑이 반드시 오래된 배우자에 대한 옛사랑을 무너트리는 것은 아니기 때문이다. 결국 매우 힘든 악순환이 시작된다. 어느 때는 부인의 얼굴이 떠오르고 어느 때는 애인의 매혹적인 모습이 떠오르기

도 하는 등 두 사람 사이에서 마음은 끝없이 흔들린다. 그럴 때
는 보통 현재 곁에 없는 사람을 그리워하게 된다. 두 사람 중 어
느 쪽과도 헤어질 수 없을 거라는 생각도 든다. 늘 두 사람을 다
시 만난다는 기대감 속에서 살기 때문에 모든 만남에서는 아쉬
움을 느낄 수밖에 없다. 아무리 사랑에 빠진 사람이라고 해도 안
락한 가정을 포기하거나 아무 대책 없이 가족을 버리는 것은 바
보 같은 짓이라고 생각한다.

어쩌면 그 사람을 배우자와 결속시켜주는 것은 가정의 보호
막에서 느끼는 안정감일 것이다. 그렇기 때문에 일정한 시점이
되면 후회가 밀려오면서 배우자의 뺨과 이마에 키스를 하며 용
서를 빌고 싶은 마음이 생길 수 있다. 하지만 동시에 애인의 모
습을 떠올리며 새 출발을 하고 싶은 욕구가 솟구치기도 한다. 이
런 식으로 늘 똑같은 올가미에서 허우적거리며 한 발짝도 앞으
로 나아가지 못하는 상황이 찾아온다. 나아가기는커녕 뒤엉킨
올가미의 매듭이 점점 목을 조일 것이다.

오랜 관계가 섹스나 감정적인 측면에서 아무리 불만족스럽다
해도 공식적인 배우자 없는 삶이란 상상하기 어렵다고 여기는
사람이 많다. 이 때문에 사랑에 빠진 수많은 사람들은 두 상대
사이에서 갈등을 겪다가 끝내 자신이 진정 원하는 상대를 포기
하기에 이른다. 사랑의 모험은 갑자기 반대의 기회로 작용하고

생활은 복잡하게 뒤얽힌다. 그러다가 어느 한순간, 그토록 동경하던 사랑을 끝내기로 다짐하면서 단절기가 뒤따른다. 애정 관계는 놓치고 싶지 않은 아름다운 순간을 가져다주었음에도 결국 실패로 돌아간다.

만족스러운 사랑과 등을 돌린다는 것은 어쩌면 어리석은 일일지도 모른다. 그럼에도 불구하고 사람들이 자신에게 최고의 가치를 지닌 것을 추구하지 않는 이유는 그것이 너무 힘들거나 본질적으로 인간이란 너무 약하고 너무 이성적인 존재이기 때문일 것이다. 어떻게 보면 열정적인 연모의 감정으로 뜨겁게 하나가 된 애인과 헤어진다는 것이 잘 이해되지 않을 수도 있다. 은밀한 사랑에 고통스러운 종지부를 찍고 애인과 괴롭기 그지없는 이별을 하는 데는 다양한 이유가 있다. 그것은 익숙한 생활 방식이라든가 오래 산 배우자에 대한 존중과 애착 때문일 수도 있다. 그리고 애인과의 나이 차나 이질적인 사회 환경, 배우자와 공동책임을 져야 할 자녀, 집, 경제적인 책임감 또는 협의이혼 시에 복잡해지는 부부 공동 재산 때문일 수도 있다. 뿐만 아니라 비공식적인 사랑은 아마 비즈니스에서 자기실현이나 경력에 장애가 될지도 모른다. 또 당사자는 일상생활에서 애인의 유용성을 불신할 수도 있다. 이와는 달리 사회적인 인습이나 종교적인 확신, 도덕적인 규제는 애인과 이별하는 데 큰 영향을 미치지는 못한다.

물론 새로 사랑에 빠져서 배우자와 헤어지는 사람도 많다. 그렇다고 이들이 달콤한 행복에 겨워 아무런 방해도 받지 않고 사랑에 몰두하고 싶다는 이유만으로 오랜 관계를 청산하는 것은 아니다. 보통 순간적인 기분으로 이런 결정을 하지는 않는다. 섣부른 선택이 아니라 오랜 숙고 끝에 결심을 하게 마련이다. 어쩌면 그들 부부는 이미 오래전부터 낯선 사이였을 것이고 한 집에 살아도 각자 다른 방에서 남처럼 지냈을지도 모른다. 통상 배우자의 모습이 오래전부터 신경에 거슬리거나 표정과 제스처, 미소 등 온갖 것들이 몹시 싫은 상태가 아니고는 이혼을 결심하기가 쉽지 않다. 어느 날부터 갑자기 배우자의 모습이 평범하기 짝이 없고 전혀 매력 없다는 생각이 들면서 상대의 행동도 우스꽝스럽고 아무런 특징도 없이 진부하게만 보인다. 이때에는 이미 오래전부터 서로 소외감을 느꼈음에도 그 모습이 베일에 가려 보이지 않았다고 여기게 된다.

만약 아이가 생기면 지금까지 권태로웠던 일상에서 벗어나 다시 한 번 행복을 찾을 계기가 올 수도 있을 것이다. 하지만 이 같은 새로운 전환점의 기회도 일상의 소음에 뒤덮이거나 얼마 지나지 않아 싸늘한 적막에 빠지게 마련이다. 사람은 삶이 제공하는 상황에 적응하지 않을 수가 없다. 이러다 보면 배우자의 사소한 몸짓 하나하나도 견딜 수 없는 지경에 이르고 만다. 이런 충격에서 헤어나기란 결코 쉬운 일이 아니다. 헤어질 때가 된 것이다.

용기를 내지 못하는 사람들은 많다. 이들은 용기가 없어서 이혼 대신 새로 사귄 애인을 포기한다. 물론 이때의 이별도 힘든 일이지만 쌍방이 원해서가 아니라 어느 한 쪽에서 헤어지자고 할 때는 더 말할 나위가 없다. 그렇긴 해도 결국은 현실적인 장애로 벽에 부딪치고 말 애정 관계라는 것을 순순히 받아들인다. 막상 이별을 하게 되면 불쌍하게 희생당했다는 느낌이 든다. 물론 의도적으로 단절기를 갖기는 했지만 어디까지나 마지못해 한 선택이기 때문에 과연 잘한 일인가 하는 의문이 끊임없이 들게 마련이다. 순간순간 쓰라린 번민이 두 사람을 엄습한다. 계속해서 우울한 몽상에 시달리면서도 어쩔 도리가 없다. 이토록 애타는 감정을 어이 한단 말인가!

사랑하는 사람과 영원히 이별한다는 것이 견딜 수밖에 없는 고통스러운 경험의 하나라는 것은 분명하다. 사랑이 아니라 단순히 오랜 신의로 결속된 사람과 헤어지는 것도 어렵기는 마찬가지다. 여전히 사랑하고 있는데도 죽음이 갈라놓기 전에 헤어진다는 것은 그만큼 더 힘들다. 이런 이별은 관계의 성취도가 높을수록 그만큼 더 큰 타격을 준다. 어쨌든 '끝났다'는 생각은 거의 미칠 만큼 암담한 절망감으로 몰고 간다. 그러면서 꿈처럼 행복했던 시절의 추억이 새록새록 피어오른다. 밤마다 꿈속에서까지 아련히 떠오르는 그리움을 잊지 못하고 낮이면 넋을 잃고 힘들게 하루를 보낸다.

쓰라린 고통을 경험할 때와 마찬가지로 좌절감 속에서 이별할 때도 생각의 폭은 더욱 좁아진다. 가슴을 쥐어뜯는 이별의 상처 외에는 아무 것도 생각할 수 없으며 종종 눈물을 펑펑 쏟으며 마음이 돌처럼 굳어진다. 이런 절망적인 상황에서는 어떤 것도 위로가 되지 않으며 고통을 잊게 해줄 수 있는 것은 아무것도 없다. 자신에게 일어난 일이 영락없이 비웃음거리라는 생각에 견딜 수가 없어진다. 게다가 어느 누군가에게 소속되고 싶어도 자신을 품어줄 수 있는 사람은 이제 아무도 없다는 생각이 유난히 강해진다. 최악의 경우는 서로 합의한 게 아니라 어느 한 쪽에서 일방적으로 이별을 선언할 때다.

두 연인이 행복한 세계에서 추방되었다는 느낌을 강하게 받을수록 이별은 그만큼 더 고통스럽다. 이 세계에서 무언가 소중한 것을 찾아냈는데 이것을 다시 내놓아야 한다고 생각하기 때문이다. 이 소중함은 이전의 어떤 삶에서도 맛보지 못할 만큼 두 사람을 행복하게 해준 것이었다. 이제 잃어버린 상대와 나눈 성취감과 연모의 감정, 그 아름다웠던 체험을 다시는 맛볼 수 없으리라는 강한 의혹이 고개를 쳐든다. '이제 행복은 끝난 것이 아 닌가?'라는 잃어버린 사랑에 대한 아쉬움이 끝없이 솟구친다. '그 사람이야말로 오래전부터 찾았던 상대가 아니었나?' 하는 절망과 함께. 상대가 배우자든 애인이든 이별은 다 똑같다. 살면 서 강렬한 열정이 넘치는 소중한 시간으로 채워진 행복을 맛본 다는 것은 흔한 일이 아니다. 그러므로 괴테의 베르테르처럼 '인간을 행복하게 해준 그것이 이제 다시 고통의 원인이 되어야 한단 말인가?'라는 의문이 들 수밖에 없다.

이런 쓰라린 이별을 잊게 해주는 도피반사(방어반사라고도 하 며 시냅스를 통하여 일어나고 뇌와 척수 사이를 절단한 척수동물에서 흔 히 나타난다. 위험을 피하여 생명을 보호하는 데 필요한 반사다―옮긴 이)가 있다는 것은 다행한 일이다. 때로 고통을 견디다 못해 자 살을 선택하는 사람도 많다. 하지만 자살은 이별의 상처를 성공 적으로 치유하는 것과는 전혀 다르다. 이별은 보통 인생사나 성 격, 교우범위, 그 밖의 여러 조건에 따라 다른 영향을 미치며 때 로는 인내심으로 체념할 때도 있고 때로는 강한 반발을 불러일 으키기도 한다. 그러나 좀 더 세밀하게 관찰하면 애정 관계를 청 산할 때 도움이 되는 다양한 전략이 있음을 알게 될 것이다.

어떤 사람은 사랑하던 상대에게 공격적인 태도를 취함으로써 정신적인 충격을 달래려고 한다. 이들은 여전히 자신을 사로잡고 있는 상대의 굴레에서 벗어나기 위해 일부러 상대를 깎아내리게 된다. 관계가 끝난 다음 정서적인 황홀감은 혐오스러운 적대감으로 바뀌지만 뜨거웠던 사랑이 행복감을 주었기 때문에 사랑하던 상대에 대해 양면적인 태도를 취할 가능성이 높다. 말하자면 적대시하는 태도와 숭배하는 태도 사이에서 흔들리며 잃어버린 사랑을 깨부수려는 심리와 그 사랑을 이상화하는 심리가 뒤섞이게 되는 것이다.

또 그럴 듯하게 무관심을 가장함으로써 애타는 마음이 위협받는 상황을 모면하려는 사람도 있다. 이들은 애써 내면의 소리에 귀를 기울이려고 하지 않는데 그러려면 무지를 가장하는 탁월한 능력이 있어야 한다. 이때는 보통 기진맥진한 상태에서 이별의 경험과 맞닥뜨리지 않으려고 둔감한 무관심을 드러낸다. 이렇게 되면 모든 것이 어찌 되든 상관없어진다. 동물이 죽은 체해서 위기를 벗어나듯이 위장사망반사로 그리움과 이별의 고통을 피하려는 수법이라고 할 수 있다.

또 어떤 사람은 뒤를 돌아보지 않고 달아나기도 한다. 이들은 흔히 과장된 행동을 하거나 일시적인 만족을 줄 수 있는 일에 빠짐으로써 절망감을 달래려 한다. 고통을 마비시키고 기분전환을 하려고 쉴 새 없이 일하며 마음속의 공허를 극복할 수 있다고 생각하는 일에 몰두한다. 때로는 마음에도 없는 하룻밤의 사랑이나 떠들썩한 파티를 도피처로 삼는 사람도 많다. 이런 방법은 사실 잃어버린 사랑에 대한 보상으로는 미흡하지만 누적된 사랑의 에너지를 발산하는 데는 도움이 된다. 이와는 달리 이제까지 놀랍도록 성취감을 안겨준 일에 매달리는 사람도 있다.

이 밖에도 비극적인 사건을 합리화시키는 방법이 있다. 그렇게 하려면 끔찍한 경험을 미화시키는 재주가 필요하다. 말하자면 파탄 난 사랑의 심각한 의미를 단순하게 부인하는 것이다. 끝장 난 애정관계를 대수롭지 않은 것으로 평가절하하며 차라리 잘되었다는 반응을 보이기 위해 그 사랑을 애써 무시한다. 겉으로는 "섹스 말고는 별로 맞는 게 없었어"라는 말로 짐짓 허세를 부리지만 "아무튼 섹스는 좋았어!"라는 아쉬움을 숨길 수가 없다. 왜냐하면 공식적인 배우자에게 완전히 돌아간다고 해서 자동적으로 옛사랑에 대한 감정과 에로틱한 욕구가 살아나는 것은 아니기 때문이다. 때로는 이와 반대되는 경우도 많다. 즉 몸은 여전히 애인과의 이별을 받아들일 준비가 안 되었기 때문에 배우자와 애무를 할 때면 다소 역겨움을 느낄 수 있다. 도리스 레싱 Doris Lessing은 《황금 노트북》에서 이런 상태를 적절하게 대변하고 있다.

'끔찍한 일은 부수적인 것을 최고인 것처럼 해야 하고 필요로 하는 사랑을 필요하지 않은 것처럼 해야 한다는 사실이다.'

어떤 사람은 잃어버린 사랑의 소중함을 당당하게 인정하며 이별의 아픔을 받아들인다. 생각이 깊은 사람은 또 철학이나 종교에 심취함으로써 위로를 찾기도 한다. 그리고 상실의 고통을 굴욕적인 아픔으로 인식하며 이전에 경험한 한계에 대해 새로운 한계를 설정하게 된다. 이처럼 세계관의 안목을 높이고 상황을 미화시키는 심리로는 '와야 할 것이 온 거야!'라든가 또는 '우리 두 사람에게 주어진 상황을 함께 겪고 깨달은 거야!'라는 말로 운명의 결과를 진정시키는 방법이 있다. 뿐만 아니라 잃어버린 사랑은 비밀이라는 매력으로 유지되었지만, 만약 이 사랑이 공식적인 배우자 관계로 격상되고 동시에 공개적인 것이 되었다면 아마 사랑이 식고 말았을 거라는 생각으로 스스로를 위로한다. 이런 삶은 인간이 한 사람에게 아주 오랫동안 사랑의 감정을 느낄 수 있다는 착각에 끊임없이 타격을 받는다. 비록 전에는 인정하고 싶지 않았지만 이제는 이 사실을 믿을 수밖에 없어지는 것이다.

헤어진 연인들은 아마 다른 상황에서 만났더라면 잘되었을지도 모른다는 아쉬움을 느끼지만 이미 희망은 물거품이 된 후다. 게다가 서로 잊지 말자는 말과 함께 친절하게 행복을 빈다는 인사를 주고받으며 아름다운 제스처를 나누는 경우도 있다. 하지만 이런 제스처마저도 괴로울 수밖에 없다. 왜냐하면 이별하는 연인 각자의 모든 행복은 앞으로 스스로 만들거나 저절로 다가오는 다른 쾌락의 원천에 달려 있기 때문이다. 말하자면 정직하게 행복을 비는 마음 한 자락에는 어느 정도 고통스러운 질투가 끼어든다. 앞으로 다른 사람이 그 애인을 차지할 것인데. 다른 사람이 그 애인을 애무하고 다른 입술이 그 애인과 키스를 하는 것인데!

순수한 사랑의 경우에는 더욱 이별의 아픔을 견디기 힘들다. 그 이유는 서로 떨어져 사는 고통과 더불어 정열의 소멸에 대한 괴로움은 관계가 끝나기 전이 아니라 끝난 이후에 비로소 찾아오기 때문이다. 이때 잃어버린 사랑의 비가悲歌는 이미 오래전에 로맨틱한 욕구가 메말랐던 관계의 상실에 대한 진혼곡과는 다르다. 어느 정도는 욕구의 절정에서 이별이 이루어졌기 때문이다. 이 때문에 여전히 헤어진 애인의 따뜻한 체온과 생생한 모습을 보고 느낄 뿐만 아니라 마음속으로는 목소리를 들으며 애무를 멈추지 않는다. 다시는 돌아오지 않을 상대에 대한 몽상에 빠져드는 것이다. 근본적으로 이런 이별은 죽은 사람에 대한 동경이 계속 타오르는 심리와 다를 바가 없다. 이런 사람들은 이별의 상처를 치유하기 위해 상대를 마음속에서 지우는 것이 어렵기 때문에 계속 상대를 그리워한다. 그리고 마음속에서 상대가 지워지고 세월이 상처를 치유하기까지는 꽤나 오랜 시간이 걸

4 사랑, 거짓말, 기만

린다. 하지만 상대를 결코 잊지는 못한다 해도 고통은 시간이 가면서 줄어든다.

때로는 과거의 아픔이 재발할 수도 있다. 문득 과거의 감정이 마음속에서 다시 솟구쳐 순간적으로 잃어버린 사랑의 거센 파도가 온몸을 뒤덮기 때문이다. 이런 감정은 추억의 파편, 그리운 장면, 과거의 온갖 그림을 줄줄이 풀어낸다. 또 지나간 사랑을 고스란히 간직한 채 이미 닫혀버린 행복의 문을 두드리면서 눈물을 흘리게 만든다. 그럼으로써 모든 추억이 다시 눈앞에 떠오른다. 고뇌에 찬 자극이 마침내 몸에서 떨어져 나갈 때까지, 잃어버린 사랑에 대한 고통스러운 동경이 마구 날갯짓을 하는 것이다.

하지만 이러한 고통 또한 상대에 대한 결핍감이 결국 사라지기 때문에 시간이 가면서 차츰 멈추게 된다. 처음에는 모든 것을 상실했다고 생각하지만 얼마 지나면 자신이 잃은 것은 일부일 뿐이라는 인식이 생긴다. 사랑했던 이의 모습과 더불어 그 사람과 함께 있고 싶다는 바람도 차츰 희미해진다. 아마 언젠가는 당시의 정사가 어떻게 가능했는지도 생각나지 않을 만큼 서로 거리가 멀어지는 때가 올 것이다. 이때가 되면 몇 달 동안은 행복을 위협할 정도로 매서운 발톱을 내미는 세상에 적응할 준비가 되었다고 할 수 있다. 결국 생존 능력을 되찾게 되는 것이다.

　이런 사랑의 역사가 처음부터 전망이 어둡고 보통 괴롭게 끝난다 하더라도 흔치 않은 기회를 포착할 가능성도 있다. 이 같은 모험에 빠지는 경험은 독특한 방식으로 욕망의 정원을 풍요롭게 해주기 때문이다. 어쩌면 금지된 이중 관계는 우리가 경험할 수 있는 것 중에 가장 자극적이고 흥분되는 관계인지도 모른다.

지조를 지키는 것은
바람피울 기회가 없어서다

　　　　　　　　　　　　흔히 주장하는 것과는 달리 인간은 그다지 지조를 지키는 존재가 못 된다. 인간은 흘러넘치는 욕구를 근거 없는 약속으로 감출 때가 많다. 이와 관련된 설문조사를 보면 응답자의 대다수가 신의를 최고의 덕목으로 꼽는다. 물론 설문조사는 은밀한 동경과 바람을 파악하는 데 꼭 적합한 방법이라고 할 수는 없다. 특히 그 바람이 지배적인 인습과 충돌할 경우에는 더욱 그러하다. 이 밖에도 우리 인간은 자신을 속이는 행동을 자주 한다. 떡 벌어진 어깨에 주먹을 휘두를 것 같은 폭력배와 마주치기 전까지는 대담하고 겁 없는 태도를 취하기도 하며, 또 언제까지나 지조를 지킬 것처럼 행동하지만 눈길을 끄는 사람이 매혹적인 호의를 베풀 때는 달라진다.

오랫동안 맺어온 그 수많은 관계 중에 지조를 깰 만한 유혹이 다가올 때 계속 신의를 유지할 수 있는 관계는 얼마나 될까? 이런 상황에서 외도의 기회는 흔히 외도를 하게 되는 이유가 아니던가! 상대를 바꿔가며 성적 접촉을 하고 싶은 욕구는 인간적인 특징이며 생물학적인 관점에서 볼 때도 전혀 비정상적인 것이 아니다.

조류의 경우 모든 종의 약 90%가 일부일처제 방식으로 짝짓기를 하는 것이 사실이지만 이것은 단지 부화기에만 제한되는 일시적인 현상일 뿐이다. 포유류는 일부일처제 생활이 겨우 3%에 지나지 않는다. 이른바 '정절 호르몬'이라고 불리는 옥시토신과 바소프레신의 혈중 농도가 비교적 높은 들쥐도 여기에 해당된다. 유인원 중에서 일부일처제 생활을 하는 종으로는 긴팔원숭이가 있다. 이와 달리 인간과 가장 가깝다는 오랑우탄과 고릴라는 일부다처제 생활을 한다. 즉 수컷 한 마리가 마치 하렘(이슬람 국가에서 한 남편에 딸린 여자들이 분리되어 기거하는 방-옮긴이)을 소유하듯 여러 마리의 암컷을 거느린다는 말이다. 침팬지와 보노보(영장목 성성이과의 포유류. 피그미침팬지라고도 부르는 독립 종으로 침팬지들에 비해 다리가 길고, 어깨와 가슴 폭이 좁으며, 머리털이 길고 양쪽으로 갈라진다-두산백과에서 인용, 편집자)는 난교를 한다. 번식기가 되면 암컷들은 10마리 이상의 수컷과 하루에도 수십 번씩 짝짓기를 한다.

생활방식에 따라 다양한 원숭이 종은 성기 부위가 독특한 형태를 보인다. 난교를 하는 침팬지와 보노보의 고환은 오랑우탄이나 고릴라의 것보다 훨씬 더 무겁다. 대신 오랑우탄과 고릴라는 비교적 체중이 무거운데, 몸집이 클수록 암컷의 영역을 적으로부터 방어하는 데는 효과적일 것이다. 하지만 고릴라와 오랑우탄은 침팬지나 보노보와 달리 번식기에 다른 정자와 경쟁을 하지 않아도 되기 때문에 고환이 클 필요가 없다. 침팬지와 보노보는 단지 여러 마리의 암컷과 더 많은 짝짓기를 하기 위해 많은 정액이 필요할 뿐만 아니라 짝짓기를 하는 암컷에게서 다른 수컷의 정액을 성공적으로 씻어내기 위해서도 많은 정액이 필요하다. 난교생활을 하는 암컷 원숭이의 생식기에서는 극심한 정자경쟁이 일어난다고 할 수 있다.

이런 습관에 걸맞게 침팬지와 비비는 짝짓기 철이 되면 질과 회음, 항문 부위가 뻘겋게 부풀어 오른다. 생식기 팽창, 또는 발정기 팽창이라고 불리는 이런 현상은 임신 가능성을 드러내는 신호이며 짝짓기가 가능한 수컷들은 이 신호를 보고 열띤 경쟁을 벌인다. 암컷은 이런 수단을 이용해 유전적으로 건강한 수컷과 접촉할 가능성을 높이는 것이다. 암컷 긴팔원숭이나 오랑우탄, 고릴라에게 이런 신체적 신호가 없는 이유는 한 마리의 수컷과만 짝짓기를 하기 때문이다. 그 때문에 이들 암컷은 그만큼 더 오랜 시간을 교미에 충실할 수 있다. 일부일처제인 긴팔원숭이나 일부다처제인 고릴라와 오랑우탄의 교미 시간은 보통 1분에서 수분 정도로 비교적 길다. 그 반면 침팬지와 보노보는 몇 초에 지나지 않는다. 이것은 짝짓기를 원하는 암컷들이 쭉 둘러싼 상황에서 경쟁을 벌이는 수컷들이 조급해지기 때문이다. 따라서 쉽게 도달하는 절정의 순간도 짧을 수밖에 없다.

이런 생태계의 배경을 감안할 때, 우리 인간이 배우자를 속여가며 한 번이 아니라 수도 없이 관계를 이탈하는 현상은 이상한 것이 아니다. 이런 이탈욕구는 관계가 안정된 생활 형태에서도 나올 수 있다. 자신의 육체적 능력과 매력을 확인하거나 또는 따분한 일상생활에 에로틱한 자극을 주기 위함이다. 사람은 자신의 존재감을 끊임없이 확인하고 싶어 하며 감각적인 삶에 관심이 끌린다. 감각적인 삶이라고 해서 반드시 사랑에 빠지는 것은 아닐 것이므로 단지 서로 마음에 드는 상대를 찾아 유리한 기회를 활용하기만 하면 된다. 왜 이런 기회를 이용하면 안 된단 말인가?

새로운 자극거리를 찾아냈는데도 낡은 것에 만족하는 경우는 드물다. 먼저 유혹에 넘어가는 것이 끝내 유혹에서 벗어나는 최선의 방법일 수도 있다. 오스카 와일드는 이런 심리를 과장해 이렇게 표현한다. '배우자에 대한 지조는 감정의 체험을 위한 것이며, 정신적 삶에서는 정체 상태를 의미하는 것으로 정신적 실패를 고백하는 거나 다름없다.'

사실 인간은 조상으로부터 강렬한 성적 자질을 유산으로 물려받았으며, 이 자질은 부분적으로만 윤리적·법적·종교적 규칙에 종속될 뿐이다. 오늘날 우리는 외도에 대해 부도덕한 죄악이라는 말을 하지는 않더라도 어쨌든 기만적인 배신이라고 생각한다. 좀 더 자세히 들여다보면 이런 언어 사용은 표현이 약간 다를 뿐 정면으로 비난하는 것은 아니다. 그럼에도 욕구 충족에 대한 바람은 도덕에 반하는 행태를 보여준다. 자연으로부터 물려받은 인간의 유산은 비록 문화적으로 형태가 바뀌기는 했지만 원시적 번식 전략 면에서는 여전히 효과를 미친다. 생물학적 명령은 문화 속에서도 끊임없이 지배적인 영향력을 발휘하기에, 자연의 역사 속에서 전해져온 인간의 유산과 문화의 싸움은 한 편의 드라마를 방불케 한다. 은밀한 이탈을 저지하기 위해 풍속과 윤리가 끊임없이 일부일처제의 틀을 감시하지만 번번이 물거품으로 돌아가지 않던가!

인류학자 조지 피터 머독^{George Peter Murdock}이 상세한 연구로 입증한 바에 따르면 일부일처제를 법적으로 채택한 문화는 인류 전체의 5분의 1에 지나지 않는다. 뿐만 아니라 여자에게 생식기

4 사랑, 거짓말, 기만

팽창이 없는 것이나 긴 섹스 시간, 비교적 가벼운 남자의 고환은 섹스 생물학적 측면에서 본다면 일부다처제, 즉 '다수의 아내'라는 성향을 말해준다. 그런 면에서 일부다처제가 인간에게는 적합한 생존방식인 것으로 보인다. 비록 일부일처제가 인간 문화를 규정하는 생활형태가 되었다고 해도, 거의 모든 생물학적 증거들은 평생 일부일처제의 틀을 유지하는 번식 체계에 반하는 특징을 띠고 있다. 우리 인간이 한 여자 또는 한 남자에 속하도록 정해지지 않은 것은 분명하다.

인간의 본성은 일부일처제에 맞지 않는다. 그렇다고 일부일처제가 무의미하다는 말은 결코 아니다. 자연의 본성에서 반드시 윤리적·법적 규칙이 나오는 것은 아니기 때문이다. 자연 속에서는 수없이 많은 폭력과 살상이 일어나지만 우리는 절대로 이런 현상을 옳다고 말하지는 않는다. 인간의 수많은 계율은 보다 인간적인 사회를 위해 의도적으로 일정한 자연의 힘을 억제하는 데 맞춰져 있다. 그렇지만 이 모든 계율은 지키지 않으면 아무 쓸모가 없다. 계절의 주기에 따른 성적 충동이나 부화기가 따로 없는 인간이 지속적으로 일부일처제의 생활을 유지한다는 것은 의문이다. 따라서 일부일처제라는 제도는 부분적으로는 마치 물에 글씨를 쓰려는 시도만큼이나 어려운 일이다.

어쨌든 인간에게 파트너를 바꾸고 싶어 하는 성향이 있는 것은 분명하다. 이 성향은 생물학적으로는 가능한 많은 암컷과 짝 짓기를 함으로써 번식률을 높이려는 수컷의 노력을 통해 충분 한 설명이 된다. 비교적 짧은 배란기와 임신, 수유, 양육이라는 조건 때문에 여자의 번식능력은 남자와 달리 제한적이다. 하지 만 여자도 번식성공률이 높은 쪽으로 진화되었다. 바로 이런 점 에서 여자는 남자보다 파트너 교체 성향이 약할 수밖에 없다. 대 신 여자는 가능하면 건강한 후손을 임신하고 돌보기 위해 남자 보다 파트너 선택에 있어 훨씬 까다로워졌다. 이런 성향이 번식 성공을 위한 여자의 방식이라는 것이다.

이에 비해 남자의 경우는 높은 경쟁률 속에서 성공적인 번식 을 위해 많은 여자와 섹스를 하는 성향을 지닐 수밖에 없다. 남 자의 조루현상도 이런 성향과 관계가 있다고 한다. 여자가 남자 보다 더 먼저 절정에 오르면 임신 가능성과 맞물린 남자의 사정 이전에 성교 행위를 끝낼 수도 있기 때문이다. 여자의 오르가슴 이 종종 더디거나 전혀 일어나지 않는 이유는 바로 이 때문이다.

한편 생활의 형태도 번식에 맞게 진화되었다. 번식의 전략은 섹스가 번식이나 많은 유전자를 전파하려는 욕구와 무관해지고 순수한 쾌감을 목표로 할 때도 여전히 존재한다. 하지만 여자가 태초부터 남자에 비해 오르가슴이 늦었는지에 대해서는 논란이 분분하다. 이 밖에도 여자가 과거에도 파트너 교체에 대한 욕구가 적었는지 아니면 단지 이럴 기회가 적었는지 또는 '이 짓을' 몰래 행했는지 여부도 불분명하다고 한다.

남자가 외도와 비밀연애를 하려면 언제나 섹스를 할 준비가 된 여자가 필요하다. 남자는 이렇듯 외도 성향이 있음에도 불구하고 자신의 배우자가 성적으로 지조를 지키지 않는 것에는 잘 견디지 못한다. 특히 자녀가 자신의 소생이라는 것을 확실히 해 두려는 욕구가 강하다. 친자 확인 검사가 도입된 것은 불과 얼마 전의 일이다. 최근의 연구에 따르면 친자 확인 심리는 원초적으로 인간의 질투심에서 비롯된 것이라고 볼 수 있다. 남자는 배우자가 경쟁자의 유전자를 받아들여서 자신이 엉뚱하게 다른 사람의 후손을 키우는 일에 힘쓰는 것을 두려워하기 때문이다. 이에 비해 여자는 지조 없는 배우자가 자신이나 자녀를 소홀히 하는 것을 더 두려워한다.

인간의 인습이나 법칙은 과거에는 종종 인간의 파괴적인 성향을 억제하는 쪽에 초점을 맞췄지만 인간의 질투심을 문화적으로 진정시키지는 못했다. 질투 때문에 얼마나 많은 고통을 겪었고 쓸데없는 불안감은 얼마나 많았으며 질투가 빚어낸 무익한 다툼은 또 얼마나 많았던가! 질투심은 끊임없이 격렬한 분란으로 이어졌고 수많은 이혼을 낳았으며 때로는 피 튀기는 비극을 불렀다. 유감스럽게도 풍속과 법은 오늘날까지도 이렇듯 부질없는 인간의 생물학적 성향을 부추기고 있다.

특히 잠재적인 경쟁자에 대한 남자의 질투는 문화사에서 부분적으로 기괴한 현상을 불러일으켰다. 정조대 착용을 강요한 것이라든가 후궁들을 가두어 놓은 저 유명한 세랄리오(터키의 궁전으로 후궁의 거처를 말함-옮긴이)의 경비를 내시에게 맡긴 것이 이에 속한다. 어쩌면 유대교나 이슬람교, 그리스 정교의 법칙도 남자의 질투가 진화한 형태인 것인지도 모른다. 이들 종교의 계율에 따르면 여자는 긴 의상이나 베일을 착용해야 하고 극단적인 경우에는 '니캅'이나 '부르카'를 써야 한다. 이런 전통 때문에 여자의 얼굴은 집 밖에서는 모든 남자의 시선에서 거의 차단되어 있다. 처녀성을 강조하는 것이나 신혼 초야에 시트의 혈흔을 중시하는 것도 이런 전통과 관계가 있다. 혼전에 성적 접촉의 경험이 있는 여자는 쉽게 혼외정사를 할 성향이 있다고 본 것이다.

이런 식으로 남자는 끊임없이 여자에 대해 자신의 권리를 주장한다. 몇 십 년 전까지만 해도 독일의 남편들은 무제한적인 권리를 행사하는 지배자였다. 1950년대에 발행된 《훌륭한 아내를 위한 지침서》에는 다음과 같은 내용이 들어 있다.

'저녁식사를 준비하라. 남편이 집에 돌아왔을 때 맛난 식사를 할 수 있도록 정성껏 계획을 짜라. 옷차림은 예뻐야 한다. 집안

청소를 하라. 남편이 들어오면 다정한 미소로 맞을 것이며 남편을 기쁘게 하는 일을 얼마나 간절히 원하는지 보여주어라. 남편의 말에 귀를 기울여라. 남편이 먼저 말하게 하고 남편의 화제가 당신이 하고 싶은 말보다 더 중요함을 잊지 마라. 남편이 편하게 말하도록 하라. 남편이 안락의자에 기대거나 침대에 눕도록 배려하라. 베개를 가지런히 정리하고 남편이 신을 벗을 때는 도와주어라. 말을 할 때는 나지막이 부드럽고 정겨운 목소리로 하라.'

당시에는 남편이 아내를 때리는 일도 흔했으며, 때로는 아내를 심리상담사에게 보내 다시는 남편의 마음에 안 드는 행동을 하지 않도록 교육을 받게 하는 일까지 있었다. 1976년까지 직장생활을 하는 아내를 둔 남편은 아내의 동의 없이 또는 몰래 아내의 사표를 낼 수도 있었다.

이 모든 인습은 일부다처제의 성윤리에 부합되는 것으로써 아내를 지나치게 감시하고 다른 남자와의 접촉을 차단하는 이중적인 윤리라고 할 수 있다. 일부다처제의 성윤리는 오늘날의 인식에서도 여전히 사회적인 구조로 남아 있기는 하지만 최종 관계로 볼 때는 생물학적인 명령에 기초하는 것으로 봐야 할 것이다. 이런 사실 때문에 현대 생물학이 전통적인 역할 분담과 성 불평등의 근거를 뒷받침한다는 것은 여자로서는 무척이나 분개

할 일이다. 역할 분담과 성의 불평등은 자연의 번식 메커니즘에 기초한다는 주장이기 때문이다. 이런 전통 속에서 바람을 피우는 여자는 수천 년 동안 매춘부나 방탕한 여자, 색욕이 강한 여자로 비난을 받고 법적인 제재가 가해진 것이다. 반면에 지조를 지키지 않는 남자는 바람둥이나 지각없는 카사노바 정도로 묵인되어 적당히 쾌락을 즐겼다. 지금까지의 거의 모든 문화가 여자보다 남자에게 훨씬 많은 성적 자유를 주었다는 것은 주목할 만하다.

칸트는 여자의 '정조'가 혼전 순결과 남편에 대한 지조에 있다고 말한다. 과거에는 정조를 지킨다는 명분으로 밖에서 아이를 밴 여자에게 아이를 죽이거나 스스로 생명을 끊도록 강요하는 일이 비일비재했다. 혼전 성 경험이 있는 여자는 집안의 체통을 망친 것으로 간주했다. 괴테의 《파우스트》 1부에서도 이런 여자는 '정조를 잃은 것'이라고 표현한다. 정조를 잃은 여자는 공개적인 모욕을 당했고 채찍질을 당하거나 도시에서 추방되었다. 테오도르 폰타네는 이렇게 완고한 전통을 '전적으로 터무니없는 것'으로 표현하고 있는데, 지금은 이 같은 일을 찾아볼 수 없다.

오늘날 서구 여성은 사회적인 질서에서 이탈했다고 해서 그대가로 문학작품에 나오는 안나 카레니나, 에피 브레스트, 보바리 부인 같은 삶을 치르지는 않는다. 톨스토이와 폰타네, 플로베르의 작품에 등장하는 이 여자 주인공들이나 슈니츨러의 소설에 나오는 많은 여자 주인공들은 과거에도 남자뿐만 아니라 여자도 어느 정도는 공식적인 배우자 외의 상대와 비밀연애를 한 관행이 있었음을 보여준다. 오늘날 여자가 남자와 직장에서 경쟁을 벌이는 여성해방의 시대에는 이런 현상이 흔한 것이 되었다. 자신의 소득이 생김으로써 경제적인 독립이 가능해졌을 뿐만 아니라 피임수단이 다양해진 데다가 남자도 자녀양육이나 가사를 돌보는 일이 늘어남에 따라 성적 평등이 대폭 향상되었기 때문이다. 특히 중간 계층의 경우 그동안에 정서적으로 성의 장벽이 폭넓게 무너졌다고 볼 수 있다. 이제 여성은 자의식이 더 강해졌고 독립적이며 지적인데 비해 남성이 오히려 조심스럽고 수다스러워졌으며 더 감성적으로 변했다. 그래도 어쨌거나 아무 감정이나 겁도 없이 이기적으로 수많은 여자를 유혹하는 '멋쟁이 스타일'이나 '마초'는 여전히 존재한다.

요즘 남편의 핏줄이 아닌 '뻐꾸기 아이'(아내가 남편 외의 다른 남자와 관계를 맺고 낳은 아이—옮긴이)의 비율은 약 10%에 달하는 것으로 추산된다. 그동안에 지속적인 지조에 대한 믿음은 추락한 것이다. 새로 사랑에 빠진 사람들은 배우자에 대한 지조를 쉽게 허문다. 서로에 대한 감정이 식은 이후에 배우자에 대한 지조를 지킨다는 것은 엄청난 금욕 생활을 견뎌야 한다는 것을 의미한다. 엄격한 일부일처제는 자연의 이치에 맞지 않으며 자연현상을 거스르는 문화적인 기준일 뿐이다. 일부일처제는 어떤 이유에서든 남녀가 원초적으로 지니고 있는 난교 성향을 실천할 수 없는 상황에서나 가능한 것이다. 로마의 시인 오비디우스는 '미덕을 갖춘 여자는 청혼을 받지 않은 여자다'라는 냉소적인 표현을 한다. 다시 말해 지조란 자발적으로 기만을 포기하는 것이라기보다 기회와 상상력이 부족한 데서 온다는 의미다.

5

사랑에는 사치가 필요하다

애정생활에 파고드는
소비산업

모든 관능적 욕구에는 에로틱한 모험이 담겨 있다. 옛날부터 언급되던 '음욕'과 '탐식'이라는 악덕은 주로 '육체의 방종'으로 마음껏 펼쳐진다. 이 악덕은 수백 년 동안 대죄大罪로써 비난을 받아왔다. 지나치게 육체에 관심을 쏟는다는 이유에서였다. 오늘날 이런 평가는 시대에 뒤떨어진 것이 되었지만 어쨌든 음욕과 탐식이 서로 긴밀하게 연관된다는 사실은 부인할 수 없다. 5세기에 활동한 수도사 카시아누스는 '입맛의 충동을 다스리지 못하는 자는 불타는 정욕의 자극을 절대 억제하지 못한다'라고 말한 바 있다. 그 옛날에

이 수도사는 오늘날 우리가 흔히 잊기 쉬운 정욕과 사치의 내적인 연관성을 이미 파악했던 것이다.

사람들은 보통 로맨틱한 감정이나 에로틱한 모험을 현대적인 소비산업과 연관 짓기를 꺼린다. 그리고 뜨거운 정열의 밤은 냉정한 일상생활과 대조되는 것이며 완전히 다른 별개의 영역으로 생각한다. 낭만적인 사랑은 주로 일상의 일과와 거리가 먼 여행 중의 저녁이나 밤에 이루어진다. 이처럼 일상과 차단된 은밀한 경험인 낭만적인 사랑은 애초부터 경제적인 유용성과 대립된다는 생각을 갖게 한다. 심지어 낭만적인 사랑은 모든 경제 질서를 초월한다고 생각하는 사람도 많다. 이 때문에 낭만주의 이래로 사랑은 훈훈함과 이타적인 정신, 따뜻한 감정으로 표현되는 진정한 삶의 도피처라는 인식이 깃들게 되었다. 낭만적인 사랑을 하는 삶은 이익을 얻기 위한 상품 교역이나 냉혹한 산업사회와는 반대의 영역을 차지한다는 생각이다. 하지만 이런 견해는 근거가 없는 것이다.

알다시피 이제 섹스는 수지가 맞는 재원으로 섹스산업은 비중이 큰 산업 분야가 되었다. 인터넷이 나온 이후 이른바 '섹시한 광고'는 엄청난 거래량을 보이고 있다. 하지만 시장이 그동안 성적인 핵심자극만 상업화한 것은 아니다. 어찌 보면 시장은 마치 인간의 애정생활에 전적으로 굴복한 모습을 내보인다. 오늘날 로맨틱한 감정은 소비행태와 무관하지 않으며 섹스와 사랑은 각종 상품이나 레저산업, 패션산업과 밀접하게 결합되어 있다. 뜨거운 애정생활이 냉정한 기업주의 영향권 아래로 들어간 것이다. 수많은 상품들은 아름다운 감정을 대변해줄 뿐만 아니라 이 감정을 연인 관계에 각인시키는 역할을 하게 되었다. 또한 연인 사이의 결속감은 경제적으로 제공되는 시설과 상품으로 더욱 자극받으며, 이 재화는 우리의 정열과 감정을 부추기고 형성한다.

알다시피 연인 관계는 꼭 개인의 거실이나 침실에서만 이루어지는 것이 아니라 레스토랑이나 영화관, 클럽, 오페라하우스, 술집, 자동차, 호텔에서도 일어나기 때문이다. 이 밖에 대도시의 관광을 목적으로 하는 패키지 여행이나 이국적인 분위기를 자아내는 장소, 한적한 해변, 호화 수영장, 사람의 발길이 뜸한 산도 연인들을 유혹한다. 이때 섹스와 사랑은 이러한 소비 장소뿐만 아니라 각종 식사와 음료 메뉴, 항공권이나 입장권, 패션의류, 화장품, 샴푸 등 수많은 소비재와 연결된다. 연인이 함께 여가시간을 보내는 장소와 마찬가지로 수많은 상품이, 특히 광고로, 로맨틱한 사랑의 감정을 자극하기 때문이다. 촛불이 켜진 우아한 레스토랑에서 식사를 한다든가 황혼 무렵에 한적한 해변에서 함께 수영하는 것은 이젠 옛날 방식일 뿐이다. 값비싼 장신구와 그 밖에 사치스러운 선물이 영원한 사랑의 표시로 등장했다. 이와 반대로 요란한 음악이나 알코올, 담배를 즐기는 생활방식은 자유분방하고 다양한 경험을 주는 모험을 대변한다. 곳곳에서 자신의 존재를 만끽하는 모습은 권태에서 벗어나 순간의 즐거움을 부르짖는 것 같다.

오늘날 이처럼 감각생활이 상품세계와 뒤얽힌 모습은 당연한 것인지도 모른다. 보석상은 사랑의 감정을 목걸이로 대체시키며, 여행사는 조용한 해변의 5성급 호텔로 바꾸어놓는다. 이 같은 특정 상품과 행위야말로 완벽한 행복의 순간을 연상시킨다. 말하자면 이런 상품과 행위가 사랑과 섹스, 아름다움에 대한 상상을 불러일으키는 것이다. 또 이런 수단이 뒷받침됨으로써 새로운 연인이 결합되고 기존의 관계가 굳건히 맺어진다. 둘 사이에 아늑한 정취가 만들어지며 두 사람만의 낭만적인 분위기가 생기기 때문이다.

하지만 이런 분위기는 어쩌면 전혀 존재하지 않을 친밀감을 거짓으로 연출할 수도 있다. 이미 두 사람 사이에 섹스에 대한 욕구나 강렬한 사랑의 감정이 식었을 수도 있기 때문이다. 이런 경우 함께 와인을 곁들인 식사나 장거리 여행을 하는 것, 또는 오페라를 관람하는 것은 실제의 사랑을 가장한 대리만족에 불과할 것이다.

오늘날 비단 부유층만이 여가시간에 이처럼 요란한 소비행각을 벌이는 것은 아니지만 어쨌든 여유가 없는 계층은 이런 기회에서 배제되어 있다고 봐야 할 것이다. 여유가 없으면 멋진 상품을 사거나 소모적인 여행을 위해 쓸 돈이 없을 것이고 낭만적인 순간을 '매우 일상적인' 것으로 소화하는 교양도 없을 것이다.

대부분의 사회학자들은 20세기 중반 이후 사랑과 섹스가 다양하게 제공되는 상품과 결합한 현상에 대해 비판한다. 허버트 마르쿠제 Herbert Marcuse 와 헬무트 셸스키 Helmut Schelsky 처럼 대립되는 견해를 지닌 사람들조차 상품이 인간 욕구에 영향을 미치는 현상을 치명적인 것이라고 말한다. 단기적인 연애행각을 위해 자주 파트너를 교체하고 끊임없이 욕구에 탐닉하는 것은 단지 관능적인 사랑을 평범한 오락거리로 전락시키는 것만은 아니다. 이런 현상은 소비행태를 인위적으로 자극하는 현대 산업사회를 반영한다고 볼 수 있다. 이때의 구호는 끊임없이 새것을 찾는 인간의 욕구를 드러낸다. 물론 현대의 소비행태가 이런 방식으로 인간의 욕구를 단순하게 조작하는 것은 아니다. 이러한 소비행태 때문에 은연중에 소비계층을 시장에 묶어두기 위해 갈수록 많은 상품이 에로틱하고 로맨틱한 경향을 보이는 것이다. 특정 상품과 서비스, 공간이 일단 에로틱하고 로맨틱한 분위기를 연출하면 섹스생활과 애정생활은 이 분위기에 예속되고, 마침내 각각의 요소가 상호작용을 하기에 이른다. 시장은 이와 같은 방식으로 소비자의 욕구를 조절하면서 점점 사생활의 영역을 파고든다. 하지만 이런 욕구는 언젠가는 완전히 소비산업의 올가미에 걸리고 말 것이다.

그렇기 때문에 진정한 관심을 충족시켜주는 '진정한 행복'과 헛된 욕구의 충족에 기초한 '사이비 행복'을 구분해야 할 필요가 있다. 사이비 행복은 광고와 대중매체가 만들어내는 것이기 때문에 '가짜'라는 딱지가 붙을 수밖에 없다. 겉으로는 자유롭고 자발적인 결정의 결과처럼 보이지만 실제로는 외부세력의 결정에 따른 것이기 때문이다. 외부의 영향을 받은 바람을 자신의 개인적인 욕구로 판단한다면 이는 잘못된 생각이다. 이 때문에 외부의 영향에 통제를 받는 소비자는 에로틱하고 로맨틱한 환상의 충족을 위해 수없이 쏟아져 나오는 상품의 구입을 억제하지 못하게 된다.

그래서 시장은 인간 상호 관계를 풍요롭게 해준다기보다 오히려 이 관계를 왜곡한다는 주장이 제기되고 있다. 소비산업은 고객을 유혹하는 힘이 강하기 때문에 섹스와 사랑의 진정한 의미를 훼손하고 갈수록 그 본질을 삭막하게 만들며 진정한 관능적 체험의 기회를 박탈한다는 것이다. 또 오늘날 각종 상품의 위력으로 순수한 연애와 낭만적인 체험의 질은 눈에 띄게 떨어졌다는 것이다. 인간적 욕구의 본질이 자본주의적으로 왜곡돼 순수한 성적 욕구나 낭만적 욕구의 충족이 방해받게 되었으므로, 에로틱한 사랑의 욕구는 생산 시스템에서 독립할 필요가 있으며 당연히 물질적인 기준에서 해방되어야 한다는 것이다.

이런 비판은 개별적인 측면에서는 옳을지 모르지만 전체적으로 볼 때는 잘못된 것이거나 적어도 과장된 것이다. 상품이 쏟아져 나오는 시장이 현대적인 섹스와 사랑의 관계를 '식민지화'시켰다고 볼 수는 없다. 정확하게 들여다보면 시장은 인간의 자기실현이나 개인주의, 관능적 만족 같은 가치를 촉진한다고 볼 수도 있기 때문이다. 경제적으로 인간의 애정생활이 얽혀든 현상이 사랑의 감정을 질적으로 떨어뜨린 것은 아니다. 오히려 새로운 자유의 기회와 표현 가능성을 부여한 측면을 무시할 수 없다. 소비재가 인간의 감정을 질적으로 격하시켰다고만 볼 것이 아니라 인간생활을 풍요롭게 해준 것도 인정해야 할 것이다. 소비재는 어쨌든 연애의 기회를 확대하고 낭만적인 감정을 강화시킨 셈이다.

물론 이러한 현상은 원초적인 결합이 섹스와 사랑으로 이루어질 뿐만 아니라 소비와 사치도 그 기반이 되기 때문에 가능한 것이다. 이 두 가지 영역은 강요하지 않아도 외부적으로 상호 연관을 맺는다. 상품세계는 연애와 낭만의 왕국을 결코 '식민지화'시킬 수 없다. 두 세계가 서로 인척 관계에 있기 때문이다. 정욕과 사치는 절대 서로 이질적인 존재가 아니다. 일찍이 수도사 카시아누스가 인식한 것이라든가, 뒤에 다루게 되겠지만 정욕과 사치는 처음부터 공통영역에 속한다고 볼 수 있다.

왜 쇼핑은 섹시한가?

지나친 탐식이나 사치와 마찬가지로, 열정적인 사랑은 철저하게 소비적인 특징을 띤다. 인간의 정욕은 성공적인 결합에 방해가 되는 결핍을 제거하기 위해서 나오는 것이 아니다. 또 인간의 쾌락적 욕구가 결코 지양해야 할 결핍 상태를 표현하는 것도 아니다. 그것은 지나친 방탕을 요구하는 과잉 충만의 표현인 것이다. 따라서 에로틱한 장면은 결핍과 빈곤, 궁핍의 감정보다는 과잉과 화려, 풍만의 느낌을 불러일으킨다.

이때 거리낌 없는 힘의 낭비는 아무 생각 없이 향락에 몸을 맡기며 경제의 교환규칙이나 상호성과 유용성의 원칙을 뛰어넘는다. 향락에 몰두하는 삶이란 엄격하게 규제된 노동과 근면한 직업 활동, 자본형성과는 반대되는 것이다. 쾌락을 강조하는 모든 삶의 방식은 세계 부정이나 금욕 생활의 반대영역이다. 사치는 냉수욕이라든가 엄격한 다이어트, 힘겨운 돈벌이와는 전혀 상관이 없다. 사치의 어원인 '룩서리아luxuria'는 씨를 뿌린 식물이 무성하게 자란다는 말로 사치스러운 자연의 화려함을 의미한다. 훗날에 와서 이 말은 미식과 향락벽, 과도한 소비의 생활태도라는 의미를 지니게 되었다. 일반적으로 낭비는 시간과 힘, 그 밖의 자원을 허비하는 과정이며, 동시에 재화를 지나치게 세련되게 정제한다는 의미도 포함되어 있다. 인생을 완벽한 농도로 충족하려는 끊임없는 요구는 모든 소모적인 향락에 뿌리를 두고 있다. 이 같은 요구는 한계를 모르며 멈추지도 않고 휴식도 없다. 화려한 삶에 대한 욕구는 채워지지 않는 갈증과 같은 것이다.

　사치스러운 낭비는 정열적인 사랑에도 영향을 미쳐 풍족한 상태에서 선물로 분배하려는 경향을 보인다. 콘라트 페르디난트 마이어Conrad Ferdinand Meyer가 〈충만〉이라는 시에서 묘사한 그대로다. '만족은 만족스럽지 않다. (……) 만족은 단 한 번도 만족을 모른다.' 손실을 고려하지 않는 쾌락적인 힘의 탕진은 소모적인 정열을 필수적인 재화와 무관한 소비와 결합시킨다. 무분별한 쾌락과 소비는 삶에 필수적인 것을 초월한다. 쾌락과 소비는 과잉의 분위기에 휩싸여 노력과 부담과 노동을 벗어나려고 한다. 이런 이유로 사랑과 쾌락, 정열은 사치 속에서 최고로 발휘

된다. 사치는 관능이 제대로 꽃을 피울 수 있는 문화의 틀인 셈이다. 파도가 일렁이는 바닷가의 고급 호텔에서 샴페인과 캐비아를 곁들인 가운데 이루어지는 도취적인 섹스가 이 경우의 상투적인 시나리오다.

이런 존재방식을 '루쿨루스 풍風lukullisch'이라고 부른다. 이 말은 미의 추구, 고상한 취미, 세련미, 동시에 값비싼 취향의 생활방식을 가리킨다. '루쿨루스 풍'이란 표현은 기원전 1세기에 로마군 사령관으로서 플레이보이이며 향락주의자였던 루쿨루스Caius Licinius Lucullu에게서 나온 말이다. 루쿨루스는 화려한 저택에서 호화로운 향연을 벌일 때면 최고의 요리사를 동원하고 값비싼 식기를 사용했으며 음악 연주와 무용 공연을 하게 했다. 루쿨루스에게 있어서 기쁨이 충만한 인생이란 거리낌 없이 흥청망청 즐기는 방종을 의미했으며, 매혹적인 모험과 흘러넘칠 정도의 환락 그리고 모든 인습적인 억압에서 해방된 여유, 환희의 흐름에 몸을 맡기는 태도를 가리키는 것이었다.

18세기 말과 19세기 초에는 육체적 쾌락을 제공하는 매춘부 주변에 상류층 인사들의 발길이 끊이지 않았다. 이것을 계기로 봉건적인 궁정의 사치와 낭비의 문화가 시민사회로 전해졌다. 마르크스의 사위였던 폴 라파르그의 다음과 같은 표현이 이런 실정을 잘 드러내고 있다. '고관의 정부情婦는 문명의 여왕이다. 정부는 수호신 역할을 하며 정부의 존재 때문에 상공업이 살아나고 사회가 힘차게 돌아간다. (……) 냉정하고 무심한 정부의 손짓 하나에 따라 광산과 은행, 포도농장, 곡창지대, 국가문서가 햇볕에 눈 녹듯 녹아서 상업과 산업의 수많은 운하로 흘러들어 간다. 고관의 정부는 낭비를 사회적인 미덕으로 예찬한다.'

부부 관계는 지속적이고 안정적이어야 한다. 그런데 정열적인 사랑이란 덧없는 것이기 때문에 사랑은 부부 관계의 기초로 인식되지 않았다. 이 때문에 모험적인 사랑은 종종 부부의 울타리를 넘어서 첩과 정부를 찾게 된다. 17세기와 18세기에 이르러 대도시가 발달하면서 이들의 수는 궁정 밖에서 급격하게 늘어났다. 부인 외에 첩이나 정부를 두고 부양하는 것은 거의 사회적으로 기품 있는 태도로 받아들여졌다. 이들은 보통 상류사회의 품위를 지닌 우아한 여성들이었는데, 이들의 취향은 점차 정숙한 부인들에게 영향을 미쳤다. 예를 들어 부인들이 규칙적으로 몸을 씻는 습관은 정부에게서 영향을 받은 것이다.

베르너 좀바르트Werner Sombart는 '유행과 사치, 화려한 외관에 미친 듯이 집착하고 낭비하는 풍조는 먼저 고관의 정부들이 충분히 실천한 다음 잘 조화된 형태로 일반 사회의 여성들에게 받아들여졌다'고 말한다. 당시 사회에는 정부의 품위 있는 태도에서 비롯된 소모적이고 사치스러운 소비행태가 만연했다. 이 밖에 대도시의 규모가 점점 확대됨으로써 풍요로운 생활방식에 새로운 가능성이 열리게 되었다. 다양한 상점과 호텔, 극장, 무도장과 음악 연주회장이 점차 늘어난 것이다. 이런 곳에서는 전 같으면 궁정에서나 열렸을 파티가 열렸으며 여러 시민계층도 얼마든지 함께 즐길 수 있게 되었다. 말하자면 궁정식의 사치풍조가 도시생활에 파고 든 것이다.

하지만 궁정 밖에서는 단지 생활과 연관된 사치가 주조를 이루었다. 하인계층은 차츰 줄어들었고, 다양한 사치품목이 궁정과 귀족사회에서 시민사회로 전파되면서 계속 확대되었다. 각종 양념과 커피, 차, 설탕, 다양한 직물과 의상 재료, 도자기, 장신구, 거울, 가구, 갖가지 가재도구가 흘러 넘쳤다. 시민계층의 삶은 이런 사치 상품들 덕분에 점점 세련되어졌다. 특히 쉽게 돈을 번 사람들일수록 낭비 풍조에 빠져들었다. 이들은 상류사회에 편입하고자 사치 상품을 사들이는 데 모든 재산을 쏟아 부었다. 다양한 배경을 통해 첩이나 정부의 세련된 태도에 자극을 받은 사치품의 수요는 장려되었으며 자본주의적인 경제 질서로 자리 잡았다.

삶에 필수적인 것들은 인간의 행복 욕구를 다 충족시키지 못하기 때문에 인간은 더더욱 풍요롭기를 추구한다. 이런 욕구는 인간의 관능적인 본성에 뿌리를 두고 있으며 그 뿌리 위에서 온 갖 사치품이 만들어진다. 소모적인 사치는 눈과 귀, 코, 미각, 촉 각을 만족시키려는 관능적인 쾌락의 추구에서 생겨난다. 많은 현대인이 낭비적이고 향락적인 삶에서 진정한 행복을 기대한 다. 또 무절제한 탈선으로 구속받지 않고 관능적인 쾌락을 맛보 는 것도 행복의 원천으로 생각한다. 파티는 이미 유용성과는 무 관해져버렸다. 도취 분위기 속에서는 오직 '복잡하게 생각하지 말자!'라는 말이 구호가 될 뿐이다. 설령 쓰러질 정도로 정열을 발산한다 해도 아무도 파티를 망친다고 생각하지 않는다. 오히 려 이리저리 뒹굴고 쓰러져도 다치지만 않는다면 그보다 더 멋 진 일은 없다.

이미 니체도 1881년 가을에 이렇게 쓰고 있다. '낭비를 무조 건 비난할 일은 아니다. 낭비는 어쩌면 필요한 것인지도 모른다. 격렬한 충동도 낭비라고 볼 수 있다.' 보다 정확하게 말한다면 사치스러운 모든 낭비의 근원은 에로틱한 도취 상태에서 비롯 된다. 사랑과 정욕, 열정은 비생산적인 사치품 소비의 뿌리인 셈 이다.

비록 성적인 행위가 번식 목적과 점점 무관해지고 있는 요즘 이지만, 성적 욕구와 관능의 향유는 우리 인간에게 후손의 생산 을 유혹하는 자연적 힘의 일부다. 성적 자극의 충족에 담긴 생물학적 기능은 대부분 번식본능에서 나오는 것이다. 물론 섹스와 사랑은 번식 의도가 없어도 인간의 생활방식에 중요한 영향을 미친다. 이때 주목해야 할 것은 시간이 지나면 전반적으로 애정생활이 위축되어 일상적인 삶은 감각과는 거리가 먼 검소한 형태로 전개되는 반면에, 사치스러운 낭비는 대부분 필요한 수단이 전제되는 애정생활을 마음껏 펼칠 수 있는 곳에서 일어난다는 사실이다. '룩서리아'라는 라틴어가 풍족한 사치와 음란한 욕구 두 가지를 의미하는 것은 결코 우연이 아니다. 거리낌 없는 섹스를 선호하는 자는 통상 모든 관능을 제한 없이 즐기는 가운데서 희열을 얻는다. 적당한 기회가 주어지고 그에 필요한 수단이 갖춰지는 순간 삶을 향유하려는 욕구는 모든 걸림돌을 제거한다. 이렇게 해서 모든 힘과 시간, 돈을 탕진해가며 정열적인 탈선에서 호화스러운 생활방식으로 곧게 뻗은 길이 열린다. 그와 반대로 물질적인 소비에서 성적인 쾌락으로 이어지기도 한다. 바로 이런 이유로 낭만적인 상상은 불타는 사랑을 냉혹한 시장의 사슬에서 해방시킬지도 모를 비현실적인 유토피아가 된다. 한때 낭만적인 사랑이 물질세계의 도피처로 각광을 받은 것은 놀라운 일이 아니다.

몸이 날개다

시장이 인간의 사생활 영역에 가장 강력하게 개입하는 것은 성의 세계를 자유 시장경제의 법칙에 맞출 때다. 오늘날에는 자본주의적인 논리에 따르는 성 관계의 교환시장이 형성되었다. 이 시장에서 육체는 무엇보다 성적인 선택을 위해 제공되며 인간의 가치는 직업적인 성공과 매력적인 태도, 잘생긴 외모로 평가된다. 하지만 시장의 법칙에 따라 선천적인 육체가 1등급을 받는 일은 드물기 때문에 섹스 시장은 스포츠 세계와 긴밀하게 결합할 수밖에 없다.

수없이 많은 사람이 성적인 시장 경쟁에서 돋보이기 위해 몸매 가꾸기에 열을 올리며 멋진 근육을 키우거나 날씬한 복부와 잘록한 허리, 팽팽한 엉덩이를 만들려고 아우성이다. 이처럼 성적 매력을 높이려는 일은 노소를 막론하고 행해진다. 타고난 신체조건을 운명으로 받아들이는 게 아니라 자신이 원하는 모습에 맞게 몸을 가꾸기에 여념이 없는 것이다. 행여 생활의 흔적이 이 이상적인 형태에 흠을 내서는 안 된다는 생각 때문이다. 어쨌든 신체적인 매력은 에로틱한 모험의 가능성을 높여준다.

이상적인 몸매를 가꾸려는 노력은 내면적인 욕구에 따라 스스로 발휘되기도 하지만 강력한 외부의 영향에 이끌릴 때도 있다. 누구나 갖고 싶어 하고 느끼고 싶어 하는 몸은 보통 대중매

체나 광고, 패션시장에서 이상형으로 내세우는 형태다. 바로 이 기준에 맞춰 많은 사람들이 체형을 다듬고 자신의 신체능력을 키우려고 한다. 동시에 이들은 삶의 멋과 만족감을 높이고자 애를 쓴다. 하지만 인간은 시각적인 매력을 얻기 위한 싸움에서 단순히 문화적인 기준과 우연성에만 이끌리는 것이 아니라 생물학적인 메커니즘에 좌우되기도 한다. 신체를 둘러싼 열기는 생활태도를 자극하며 현재의 순간을 충족하려는 새로운 가치부여 현상이라고 해석해도 지나친 말이 아닐 것이다. 장식용 육체는 쾌락을 강조하는 소비사회와 오락사회의 본질을 지니고 있다. 이런 사회에서는 뛰어난 외모가 최고의 선이며 존재의 가치는 외형적인 미와 거의 일치한다. 결국 모든 욕구가 매력적인 껍데기에 고착된다고 할 수 있다.

인류 역사가 시작된 이래로 건강은 흔히 신의 은총 또는 자연의 선물로 간주되어왔다. 오늘날에는 보통 건강을 일정한 생활태도의 결과로 받아들인다. 이렇듯 높은 가치에 도달하기 위해서 사람들은 많은 돈을 들여 엄청난 노력을 기울인다. 단순히 건강하다는 데 그치지 않고 끊임없이 건강 상태를 느끼고 싶어 하기 때문이다. 잔병치레를 안 하고 두드러진 이상 증세가 없다면 흔히 건강하다고 믿게 마련이다. 역설적으로 우리는 흔히 건강을 잃었을 때 건강의 가치를 깨닫는 경우가 많다.

오늘날 주관적인 쾌감과 객관적인 평안을 추구하는 것 외에 건강에 광적으로 집착하는 현상의 이면에는 시간을 초월해 젊음을 유지하고 매력적인 아름다움을 소유하고 싶어 하는 욕구가 숨어 있다. 사람은 누구나 건강하고 활기 찬 삶을 누리고 싶어 하며, 나이가 들어서도 허약하고 늙은 육체가 아니라 다른 사람에게 매혹적인 인상을 주려고 한다. 오스카 와일드의 《도리언 그레이의 초상》에서는 '유일하게 가치가 있는 것은 젊음이다'라는 말이 나온다. 이 말은 영원한 청춘과 아름다움을 꿈꾸고 계속되는 노화와 육체적인 불완전에 대한 반란을 기도하면서 인생은 덧없는 것이라는 생각에 제동을 건다.

오늘날의 육체숭배는 젊음에 대한 집착과 깊은 관련이 있다. 전에 없이 위생과 미용, 건강 체조, 피트니스 클럽과 보디빌딩에 관심이 쏠리고 있으며 다이어트와 성형수술, 건강생활이 유행이다. 심지어 몸에 문신이나 피어싱, 낙인을 하는 경우도 드물지 않다. 잘 다듬어진 몸매는 누구나가 인정하는 최고의 눈요깃감인 셈이다.

스포티한 헤어스타일이나 화장과 예쁜 옷으로 치장하는 것만으로는 더 이상 만족하지 못한다. 물론 18세기의 작가 맨더빌이 말한 것처럼 옷이 자신을 가꾸는 수단인 것만은 분명하다. '옷을 입는 데는 본래 두 가지 목적이 있다. 우선 벌거벗은 몸을 가리고 날씨와 그 밖의 불쾌한 일로부터 우리의 몸을 보호한다. 또 하나, 옷에는 인간의 끝없는 허영심, 즉 치장의 욕구가 배 있다.' 하지만 오늘날에는 여기서 한 걸음 더 앞서 나가 있다. 이제는 화장품으로 더 이상 자신의 모습을 가릴 수 없으며, 팔굽혀펴기를 하거나 보정속옷을 입는다고 해서 쉽게 근육이 단련되거나 몸매가 돋보이는 것도 아니다. 또 스펀지를 넣은 의상을 입어 실제의 몸매를 속이는 것도 간단치 않다. 물론 옷이 날개라는 말은 맞지만 이제는 옷 속에 감추어진 몸매를 더 중시한다. 옷이 주는 외형적인 매력에 욕구에 대한 시각적인 자극이 추가된 것이다. 이 때문에 나이트클럽에 가면 옷을 하나씩 벗어던지고 벌거벗은 상체를 드러내거나 배가 보이는 짧은 상의 또는 비키니 차림으로 밤새도록 춤을 춘다. 이런 곳에서는 서로 보여주는 사람들만 있다. 벌거벗은 육체가 공공연한 자기연출의 수단이 된 것이다.

고대나 르네상스 시대의 조각들이 대체로 알몸인 것은 그래야만 인간 육체의 완벽한 미를 표현할 수 있었기 때문이다. 예를 들어 레싱Gotthold Ephraim Lessing의 말을 들어보자. '옷은 곤란한 상황에 대비하려고 만든 것이다. 하지만 예술은 이런 상황과 아무런 관계가 없다. 옷이 아름다움을 표현한다는 것은 인정한다. 하지만 인간의 아름다운 육체를 옷이 어떻게 표현하겠는가?'

하지만 알몸은 다양한 의미가 있으며 어쩌면 서로 대립되는 해석이 나올 수 있는 인체의 기관인지도 모른다. 알몸은 탐스러운 미의 상징으로 비춰지기도 하지만 그것과는 전혀 상관없이 무방비 상태인 인간의 연약한 모습으로 해석되기도 한다. 이처럼 알몸은 무방비 상태로 부상당할 수 있는 모습이기 때문에 보여주기 위해 벗은 몸은 흔히 모욕과 굴욕감을 가져올 수 있다. 알몸은 상징적인 의미에서는 인간의 연약함을 드러내지만 생물학적으로 보았을 때는 이와는 정반대로 존재의 통제수단이기도 하다. 진화과정에서 털가죽이 사라지고 온몸에 땀구멍이 생김으로써 노동으로 시달린 몸의 열기를 신속하게 배출해주기 때문이다. 이러한 체온 조절 능력은 고된 육체노동에는 필수적인 전제조건이다. 연약한 피조물의 상징인 동시에 성공적인 자기보존 기관으로써의 알몸은 인간의 생존전략과 같은 궤도에 있다.

동시에 알몸은 인간이 성적으로 자기 과시를 할 때 중요한 역할을 한다. 바로 이 때문에 역사적으로 수치를 모르는 정욕과 죄의 오점에 대한 상징으로 숱한 비난을 받아왔다. 물론 이런 시각은 이미 오래전에 사라졌다. 사회적인 경험으로 볼 때 알몸은 힘이 넘치는 에너지와 에로틱한 아름다움을 의미한다. 알몸은 그 자체가 바로 인간의 성적 갈망에 대한 표현이다. 특히 오늘날에는 성적인 분야에서 미의 이상을 상징하기도 한다. 게다가 은밀한 부위에 '음모를 제거하자!'라는 구호까지 나오고 있는 실정이다. 무성하게 뒤덮고 있는 음모를 자르고 뽑거나 면도크림을 바르고 밀어내는 것이다.

현대의 대중매체와 레저산업은 당연히 상품등급이 낮은 육체에 대한 적대감을 부추기고 있다. 매력 없는 몸에 대한 반발은 근본적으로 동물세계에서도 엿볼 수 있다. 앞에서 자세히 언급했듯이, 공작의 꼬리 깃털처럼 요란한 장식과 화려한 모습은 생명체의 건강을 과시하는 기능을 한다. 외형적인 특징이 더 뚜렷하고 인상적일수록 암컷에게는 매력이 그만큼 더 돋보인다. 이런 수컷에게서 건강한 새끼를 낳을 수 있는 가능성이 있기 때문이다. 이렇게 아주 먼 옛날부터 내려오는 번식전략은 인간에게도 여전히 작용한다. 외형적인 아름다움이나 균형 잡힌 몸매, 매끈한 피부, 윤기 나는 머릿결, 뚜렷한 대칭, 힘과 젊음 같은 특징은 건강한 유전자를 나타낸다. 그렇기 때문에 이런 특징은 인간에게 강력한 흡인력을 발휘한다. 많은 사람들에게 깊은 인상을 주는 특권과 부, 과시적인 소비와 사치스러운 낭비도 같은 원리로 작용한다고 볼 수 있다. 이 같은 외형적인 특징은 공동구혼장에서도 똑같은 역할을 한다. 동물의 화려한 장식과 같은 기능을 지니는 이런 특징은 두드러진 능력을 보여줄 뿐만 아니라 장래의 파트너와 후손에게 안락한 생활을 약속한다.

무자비한 파트너 경쟁에서는 수없이 많은 탈락자가 나오게 마련이며, 이들은 설령 스포츠클럽에 다니거나 지방흡입술을 받고 근육단련을 한다 해도 성적인 경쟁에서 배제될 수밖에 없다. 성적인 자유주의는 어떤 면에서 두 개의 등급으로 구분되는 사회를 만들었다. 이 사회에서 '부자'는 유전적으로나 물질적으로 승자이며 젊음과 미, 경제적인 수단으로 매일 섹스와 에로틱한 모험을 즐길 수 있다. 반면에 유전적·물질적으로 패자인 '빈자'는 매력이 없고 나이가 든 데다 소득이 적어 섹스의 기회는 많지 않으며 전혀 못 하는 경우도 있다. 결국 빈자는 초라한 삶을 살도록 유죄선고를 받은 것이나 다름없다. 이들은 대개 성욕을 자위로 해결하거나 매춘으로 달랠 수밖에 없다.

능숙한 위장으로 인습에 도전하는 팝스타 마돈나는 젊음의 아름다움이 갖는 장점을 이렇게 표현한다. "나는 젊은 남자가 좋아요. 젊은 남자는 제대로 할 줄은 몰라도 밤새도록 하거든요." 반면, 프랑스의 작가 미셸 우엘벡Michel Houellebecq은 '평범한 길을 걷는 사람'을 다음과 같은 말로 위로한다.

"나는 아무도 사랑하지 않고 아무도 눈길을 주지 않는 사람에게 마음이 쏠린다. 나는 자유로운 섹스를 모르고 투박한 육체의 만족에 머무르는 사람에게 쏠린다. 벗들이여, 무엇을 놓쳤다고 두려워 말게나. 사랑이란 어디에도 존재하지 않는다네. 사랑은 단지 잔인한 유희에 불과하며 그대들은 희생자일 뿐, 그것은 오직 전문가만을 위한 유희라네."

사실 보통 이상으로 아름답고 성공한 사람일지라도 행복하지 않은 경우도 있다. 공식적으로는 승자의 무리에 들지 모르겠으나 에로틱하고 물질적인 이들의 능력이 곧 완벽한 행복의 순간으로 점철된 만족적인 삶으로 이어지는 것은 아니다. 빛 좋은 개살구라는 말도 있잖은가! 어쨌거나 사람은 누구나 결국 좌절을 맛볼 수밖에 없다. 미와 젊음이 언제까지나 지속되는 것은 아니기 때문이다. 인정사정없이 다가오는 노화를 이길 사람은 아무도 없다. 고통스러운 노화의 과정은 단지 에스트로겐과 테스토스테론 수치가 점차 낮아지면서 진행되는 것이며 더불어 사랑과 정욕, 정열에 대한 생각도 차츰 식어간다. 외형적인 미에 집착한다는 것이 잘못이라는 사실을 어느 순간 깨닫기 때문에 인생의 중대한 문제에 직면했을 때는 누구나 당황할 수밖에 없다.

동시에 관능적인 쾌락을 추구하는 이상 외형에 집착하는 감각을 무디게 하려는 시도 또한 잘못된 것일지도 모른다. 행복을 추구하는 사람이라면 처음에는 매혹적인 외형이 화려한 삶의 원천으로 가는 지름길로 보일 것이다. 그러다가 이런 생각이 잘

못된 것임을 깨닫고 후회한다. 다만 이런 과정이 변하지 않을 뿐
이다.

6

아찔한 사랑의 유희

에로틱한 모험에 대한 인간의 끊임없는 시도는 거짓말과 절반의 진실에 휘말릴 수밖에 없다. 또 한편으로는 에로틱한 모험을 강렬하게 체험할 수 있는 능력이 필요할 것이다. 이 부분에서 많은 섹스 파트너가 실패를 맛본다. 거짓말을 하고 침대에서 권태를 경험하는 데는 공통된 원인이 있다. 자유로운 섹스와 사랑, 관계의 문화는 한편으로 은밀한 연애를 원하면서도 다른 한편으로는 단조로운 성생활에 머무르는 인간의 욕정과 서로 모순된다. 탈선에서 오는 황홀감은 어떤 문화적인 틀에서도 적절하게 수용되지 않기 때문에 이런 욕구는 종종 은밀한 방법으로 좀 더 완화된 형태로만 실현되게 마련이다. 에로틱한 모험은 모든 시민생활의 척도를 넘어선다. 그렇다고 해도 성적 무절제에 대한 권리는 인정해야 할 것이다. 문제는 다만 개인이 지금까지 지 닌 한계를 확대하기 위해서 어느 정도까지 '멀리 나가는 것'이 허용되는가이다. 이제는 새로운 섹스문화를 생각할 때다. 여기 에는 단순히 개방적인 외도와 비밀연애, 거짓말을 허용하는 문 제뿐 아니라 폭넓게 퍼져 있는 성적 무지를 단계적으로 극복하 는 일도 포함된다.

자신의 힘으로 맛볼 수 있는 행복을 쉽사리 포기할 사람은 아 무도 없다. 하지만 사람들은 수없이 기회를 흘려보내면서도 황 홀감이나 사랑의 도취, 강렬한 연정 같은 관능적인 체험을 했다 는 느낌은 받지 못한다. 사람들은 대체로 맥 빠진 생활을 지키기 위해 남몰래 꿈꾼 비밀을 포기해버린다. 이들은 멀리서 자신을 향해 가물거리는 행복의 희미한 빛에 그저 만족할 뿐이다. 자신 에게만 뭔가 빠진 게 있는 듯한 허전함 속에서 이들의 인생은 흘 러간다.

때로 햇살이 눈부신 한낮에 지독한 권태감을 느끼면서도 쾌 활하고 만족한 인상을 주는 사람이 많다. 이들은 미래에 관능적 인 쾌락이 찾아오리라는 기대는 전혀 없이 나이를 먹는다. 그리 고 자신을 기다리는 시간을 생각하고는 암담한 마음이 든다. 이 들은 더 이상 조그만 자극도 느낄 수 없으며 아무런 축복도 없이 지극히 권태로운 가운데 남은 삶을 보낼 것처럼 보인다. 이렇듯 절망적인 상황 속에서 과거에 대한 아무런 반성도 없이, 또 미래에 대한 아무런 안전판도 없이, 그저 불확실한 꿈을 꾸는 모든 사람을 질투하는 마음이 싹튼다. 비록 겉으로는 이들의 파렴치한 태도를 경멸하지만 마음속으로는 부러워한다. 또 모범적인 태도를 지니고 보다 자유로운 생활방식과 거리를 두며 체면에 집착한 것을 유감스럽게 여긴다. 자신을 있는 그대로 표현하는 이는 거의 없다. 그러다가 갑자기 어딘가 모르게 더 불편하며 이제까지와 달리 편하게 잠을 못 이루는 날이 온다. 이제까지는 남다른 예의범절과 신중한 태도, 점잖은 풍모를 갖춘 사람으로 비치는 것을 높이 평가했지만 이 모든 것들이 이제 안정된 만족감을 주지 못하는 것이다. 그리하여 새로운 것에 대한 삶의 의지가 꿈틀거리기 시작하며 불안 속에서 미리 계획된 노선에 따라 오로지 제 갈 길을 가는 평범한 시민조차도 자꾸만 날갯짓을 해대는 모험욕에 사로잡히게 된다.

물론 사회적으로는 여전히 정상을 벗어난 에로틱한 체험에 대한 이해가 부족한 것이 사실이다. 하지만 남녀를 불문하고 때로는 일상에서 벗어난 성 행위를 꿈꾸지 않는 사람이 누가 있겠는가? 아마 이웃들의 이불 속에서도 특별히 자극적인 일이 일어나지는 않을 것이다. 하지만 그러한 소망이 대개는 생각에 그친다고 해도 상상은 언제나 현실을 넘어서게 마련이다.

삶은 유희적인 욕구에 대해 공개적인 훈련장과 늘 새롭게 꾸미고 싶은 거대한 설계공간을 제공한다. 만족스러운 섹스는 실험적인 것이다. 만족스러운 섹스는 인습을 뛰어넘을 뿐 아니라 생물학적인 원칙도 무시한다. 이것은 끊임없이 새로운 자극을 찾는 일종의 공예미술이기 때문이다. 성애는 육체를 다양한 욕구의 원천으로 활용할 가능성을 지닌 창조의 힘인 것이다. 이런 사실은 이미 3세기에 만들어진 가장 오래된 힌두교의 성 교본인 《카마수트라》에서도 확인할 수 있다. 여기서는 무엇보다도 에너지와 창조력을 요구한다. 사랑의 유희는 음악을 연주하는 것과 비슷하다. 예를 들어 개개의 음률을 피아노로 표현하는 데는 특별한 재능이 필요하지 않지만 전체적으로 피아노에서 아름다운 선율이 흘러나오게 하려면 능숙한 솜씨가 있어야 한다.

오늘날 억압받은 섹스는 더 이상 문제가 되지 않는다. 문제는 흔히 강력한 오르가슴에 집착하는 데서 빚어지는 성적 불만이다. 오감에서 우러나오는 자극을 갈망하는 모든 성적 욕구의 중심에는 오르가슴이 있다. 쾌락의 충족을 위해서는 성적 절정이 아무리 중요하다고 해도, 그것에만 집착하는 것은 마음에 와 닿는 행복감을 유난히 짧은 순간에 고정시키는 것이다. 특히 남성의 욕구에는 종종 독단적으로 절정에 오르려는 강한 열망이 있다. 섹스를 할 때 남자가 가장 빈번하게 부딪치는 문제는 발기부

전뿐만이 아니라 조루일 것이다. 조루는 본격적인 섹스에 들어가기 전에 손으로 단련을 해서 늦추는 것이 최선이다. 보통 자위 행위는 성적인 만족에 본질적인 도움을 주는 경우가 많다. 우디 앨런은 이 문제를 유머로 표현하기도 했다. "나는 인기가 많은 연인이다. 왜냐하면 매일 나 스스로 단련을 하기 때문이다."

성공적인 섹스를 위해서는 많은 것이 필요하다. 충분한 시간과 섬세한 테크닉과 책임감이 따르는 구속받지 않는 태도, 온몸을 뜨겁게 활용하는 자세도 갖춰야 한다. 지속적인 사랑의 유희를 즐기려면 중단과 지체, 우회의 기술이 있어야 하고 짤막한 휴식의 여유도 필요하다. 이렇게 해야 여유롭게 즐길 수 있고 절정감에 대한 고정관념도 극복할 수 있다.

모든 쾌락은 지속성을 요구한다. 게오르크 지멜Georg Simmel이 말하는 에로틱한 모험처럼 섹스 미식가란 '현재에 집중하는 사람'이다. 이들은 현재에 도취된 상태에서 과거와 미래를 크게 의식하지 않는다. 최고의 관능적 행복 속에서 이들이 바라는 것은 오직 한 가지, 가능하면 더 이상 바랄 나위가 없는 황홀함 속에 머무는 것이다. 하지만 아름다운 모든 순간과 그 뒤에 따라오는 도취적 성애의 적은 조금만 사이를 두어도 덧없이 흘러가는 시간이다.

실험을 즐기는 쾌락의 미식가는 욕구를 폭발하지 않고 오르가슴의 변두리에서 천천히 즐길 줄 안다. 정욕의 예술은 '아직은 아니다'라는 바람직한 여유, 즉 생식기의 욕구 분출을 잠재시킨 가운데 이것을 거부하고 뒤로 미루고 유보하며 간단히 허용하지 않는 그야말로 축복받은 지체라고 할 수 있다. 이것이 '성애의 기술'이다. 성애의 기술은 불러올 수 있는 오르가슴을 한동안 대기실에서 기다리게 하고 그것이 뒷문으로 슬그머니 들어오지 않도록, 정문으로 당당히 들어오도록 하는 것이다. 하지만 자극에 단련이 되지 않은 젊은 남자의 경우라면 성적 자극을 지속적으로 비등점 부근에 유지하면서 긴장의 폭발을 인위적으로 늦추기란 쉽지 않다.

하지만 짤막한 절정감보다 더 중요한 것은 온몸의 성감대에서 쾌감을 얻을 수 있는 감정이입의 유희다. 여기에는 온몸을 뜨겁게 자극하고 전 오감을 활용하는 기술이 전제된다. 이런 기술을 활용하는 사람은 어렵지 않게 최고조의 쾌감에 접근할 수 있다. 일찍이 오비디우스는 《사랑의 기술》에서 '사랑의 쾌감을 수천 가지로 표현할 수 있다'고 말했다. '크게 내지르는 소리와 속삭이는 감정 표현이 없어서도 안 되고', '황홀한 욕정의 움직임으로 침대가 들썩거려야 한다'라고도 했다. 이 밖에 평소에 거들떠보지도 않던 발이나 겨드랑이 또는 젖꼭지, 엉덩이를 이용할 수도 있고 특이한 자세를 취해 완전히 새로운 쾌감을 유도할 수도 있다. 입술과 혀, 이를 잘 활용하면 온몸이 성감대로 변하기도 한다.

이처럼 성적인 환각 상태에 이르기 위해 얼마든지 다양한 방법과 기술을 동원할 수 있다. 이것을 '전체가 조화된 키스'라고 불러도 좋을 것이다. 이때 이른바 행복 호르몬이라는 엔도르핀의 분비를 의도적으로 늘리는 뇌는 산소 부족 상태에 이르게 된다. 이런 상태에 이르기 위해서는 무엇보다도 두 사람의 호흡이 정확하게 조화를 이루어야 하며 서로의 입이 물샐 틈 없이 밀착해야 한다. 한쪽에서는 상대가 내쉬는 숨을 들이마시고 이어 다시 자신의 숨결을 상대에게 불어 넣어주는 식으로 계속 호흡을 주고받게 된다. 상대의 숨결만 받아들이다 보면 점차 산소가 부족해지기 십상이다. 이로써 성적 자극이 더해지면서 환희의 순간이 찾아온다. 사랑을 나누는 두 사람은 아무 제재도 받지 않고 황홀감을 느끼면서 마침내 공기가 부족해지면 입을 열고 신선한 산소를 들이마시게 된다.

거리낌 없는 태도야말로 만족스러운 섹스를 위해 더없이 중요한 조건이다. 오늘날에도 양심의 가책과 수치심, 경직된 자세 때문에 자연스러운 사랑의 유희를 즐기지 못하는 사람이 많다. 하지만 거침이 없을수록 더욱 만족스러운 법이다. 자제를 모르는 욕구는 상대뿐만 아니라 상대의 욕구도 똑같이 갈망한다. 서로의 육체를 갈망하는 가운데 우리 인간은 한계를 모르는 동물적인 본능에 휩싸이기 시작한다. 예로부터 몸이 자극받으면 기본적으로 거칠어지고 야성적인 특징과 음탕함과 일상적인 행동에서 벗어나는 탈선의 태도를 보인다. 탐하고 갈망하는 피부의 표면 아래서는 상스럽고 외설적인 힘이 힘찬 활동을 전개하며 낯 뜨거운 말이 오고 간다. 찡그리는 표정과 자극적인 속삭임, 살결의 전율이 얼굴에 번진다. 이것은 쾌감에 도취된 황홀감으로 모든 이성을 침묵시키고 문명화된 인간적 존재의 이면을 표현하려는 외침이다.

동시에 성공적인 사랑의 유희에는 섬세한 관찰력이라는 의미에서 일종의 지적 능력이 요구된다. "멍청한 상대와 하는 것이 더 즐겁다!"라고 주장하는 사람은 아마 실제로는 그 반대를 택하게 될 것이다. 만약 열정의 최고의 적은 사고와 언어라고 생각한다면 그것은 착각이다. 스스로 성찰하는 자기탐구의 토대 위에서 자신의 성적 기호와 성향을 말로 표현하고 파트너와 더불어 이 문제를 논의하는 사람은 복 받은 것이다. 사랑의 파트너들끼리 서로 신뢰하고 진정 원하고 체험하고 싶은 바를 말할 능력이 있다면 이들은 아마 가장 성공적으로 성적 환상을 실현할 수 있을 것이다. 여기에는 에로틱한 도구와 역할 그리고 저질스럽고 외설적인 욕설, 이른바 추잡한 발언까지도 포함된다. 열정은 때로 매우 저속한 경향을 드러내 보인다.

　예로부터 섹스 미식가들은 제어되지 않는 삶의 욕구에 자극을 받아 자신의 쾌락을 실험해왔다. 이들의 성적 충동은 강렬한 관능적 표현을 추구하면서 규칙적으로 창조적인 아이디어와 결합하는 것이다. 그럼으로써 이들은 끊임없이 에로틱한 결합을 새롭게 시도한다. 한계를 뛰어넘는 이런 시도에서는 섹스 도구와 각성제를 대용품으로 활용할 수도 있다. 생활 개선약(비만, 탈모, 우울증, 발기부전 등 생활에 불편을 주는 증상을 치료해서 일상생활에 만족을 주려는 약─옮긴이)은 물론 정력제를 사용하거나 성생활의 강도를 높이기 위해 보다 효과가 큰 흥분제를 사용하는 사람도 많다. 쾌락의 미식가 중에는 공원 같은 공공장소나 자동차 안, 또는 이보다 격이 떨어지는 장소에서 즐기는 사람도 있다. 성공적인 애정생활을 위해서는 다양한 인습과 단절할 필요가 있다.

　사랑과 쾌락, 정열은 대부분의 삶에서 중요한 역할을 하는데도 집 안에 성생활을 위한 특정 공간을 가진 사람은 그다지 많지 않다. 거침없이 섹스에 매달리며 실험을 즐기는 섹스 미식가조차도 특별한 공간을 활용하지 못하는 경우가 흔하다. 가장 흔하게 사용되는 공간은 침대와 거실이고 샤워 중에 하는 사람도 많으며 일부는 주방 식탁에서 즐기기도 한다. 하지만 오직 쾌감이 넘치는 육체 관리를 위한 특수 공간은 찾아보기가 쉽지 않다.

오랫동안 섹스를 나눠오며 그것이 생활의 기쁨이 된 이후에도 그렇다는 것은 놀라운 일이다. 물론 실험을 즐기는 사람은 분명하게 용도가 정해진 거주 공간의 틀을 벗어난다. 딱딱한 의자라든가 육중한 붙박이 옷장은 이제 널찍한 소파나 쿠션 등받이가 있는 다채로운 안락의자를 갖춘 개방적인 거실에 밀려났다. 다만 '성적 자유'는 새로운 거주공간에서도 아직 등장하지 않는 것으로 보인다. 시부모나 자녀, 친구들에 대한 수치심 때문에 '에로틱한 취미와 파티를 위한 지하실'을 설치한다는 생각은 엄두도 내지 못한다. 만약 방문객이 이런 공간을 본다면 분명히 많은 사람이 숨기고 싶어 하는 아주 낯익은 장면을 떠올릴지도 모른다. 하지만 흔히 이런 부끄러움 때문에 에로틱한 특수 공간을 설치하지 못하는 것은 결코 아니다.

만족스러운 섹스는 멋진 외모와 마찬가지로 40대나 50대 이후에도 가능하지만 단지 습관화되지 않았다. 어쨌든 지속적으로 흔들리는 장기적인 파트너 관계는 섹스의 자기실현을 더 이상 함께 모색하려고 하지는 않는다. "재미 좀 봤어? 아니면 그냥 잤어?"라는 물음은 무미건조한 생활을 하는 상대에게 던지는 불편한 질문이다. 사실 사람은 누구나 언젠가는 성애의 등급이 떨어지게 되어 있다. 따라서 이처럼 충동과 동경의 의미를 상실했을 때일수록 에로틱한 특수 공간이 필요하다. 물론 충분한 공간이나 금전적 여유가 없을 수 있다. 널찍한 사적 공간을 위한 경제적 여유가 없을 뿐, 이런 시설이 가능한 집이 있다면 누구라도 마다하지 않을 것이다.

이 밖에 수많은 섹스 및 애정 파트너들에게서 보이는 성적 무지는 더 큰 문제가 되고 있다. 이들은 오르가슴에 집착하느라 간략한 욕구 충족 기술을 제대로 발휘하지 못한다. 어떻게 해서든 신속하게 성적 만족에 도달하려고 한다면 굳이 에로틱한 실험을 위한 실험실은 불필요할 것이다. 반면에 쾌락을 다스릴 줄 아는 대가라면 그런 특수 공간에서 현대적인 주거 공간의 문제를 해결할 것이다. 이런 생각들이 일정한 기준이나 중용의 태도에 어긋나는 것은 아니다. 잘못된 자제와 포기하려는 경직된 태도와 용기 없는 체념처럼, 이런 생각들은 ─ 과거 금욕을 이상으로 알던 시대의 후예로서─ 육체적인 자극을 격려하기보다 재갈을 물리려는 상황에서는 오로지 특수 공간에서만 떠올리고 실행할 수 있는 것으로 보인다.

요즘은 인간의 성애가 깊은 위기에 빠져 있다는 글을 심심찮게 읽을 수 있다. 욕정에 넘치는 신음소리는 삶의 모퉁이 곳곳에서 쉽게 들을 수 있고, 화보나 인터넷, 광고사진, 텔레비전 광고 등 곳곳에서 햇볕에 그을린 피부를 지닌 에로틱한 그림을 볼 수 있다. 또 텔레비전에서 상체를 벗은 모습이나 정사장면은 어느덧 일상적인 것으로 변했다. 뿐만 아니라 지속적으로 섹스를 하며 정력을 과시하는 포르노 배우와 적극적으로 섹스 할 자세를 보여주는 동영상이 흘러넘칠 정도이며 일정한 사이트에 접속하면 누구나 무료로 이용할 수 있는 서비스도 있다. 다만 이 모든 것은 섬세한 성애와는 별로 관계가 없다. 한낮의 햇빛이 쏟아지는 해안에서 알몸으로 거니는 나체주의자의 모습이 별로 자극적이지 않은 것과 마찬가지다.

지체 없이 직접적인 관능이나 충동적인 욕구를 충족하려 하거나 오직 오르가슴만을 위해 몸을 자극하고 외설적 표현을 한다면 오히려 환상적인 충동에 방해가 될 수 있을 것이다. 이렇듯 서투른 태도는 드러내다가 가리고 밀착했다가 거리를 두는 기술을 활용하는 에로틱한 유희에 도움이 안 된다. 요즘에는 언제나 한 가지 요구, 즉 끊임없이 순간적인 욕구를 충족하려는 경향밖에는 찾아볼 수가 없다. 진정한 성애는 이와는 달리 섹스를 하기 전에 부드럽게 애무하며 다정한 대화를 하는 전희에서 비롯된다. 진정한 성애는 무엇보다 말없이 뜨거운 눈빛을 주고받으며 부드럽게 몸을 밀착하는 달콤한 긴장감에서 펼쳐지는 것이다. 탁자 밑에서 손이나 무릎이 부딪칠 경우 뿌리치지 않는 자세가 필요하다. 이렇게 매혹적인 유희를 하며 환상에 몸을 맡기는 게 좋다. 하지만 한꺼번에 모든 것을 보여주려고 하면 너무 지나친 나머지 결국 제대로 보여주지 못하는 꼴이 되고 만다.

진정한 성애와 달리 포르노 영화는 어떤 유희적 요소도 없고 여유도 보여주지 못한다. 포르노는 아무것도 감추지 않고 모든 것을 드러낸다. 적당히 반쯤 가리는 묘미도 없다. 관객에게는 세부적인 묘사가 직접적인 효과를 주겠지만 은근한 매력을 주는 성애의 기술은 찾아볼 수 없다.

물론 요즘도 발목에 차는 간단한 장식이나 배꼽의 피어싱으로 매혹적인 분위기를 자아내고 관능적인 행복을 암시할 수는 있지만 과거에는 오늘날보다 이런 은근한 기술이 더 많이 활용된 것이 사실이다. 물론 에로틱한 유희가 실종되었다는 불만이 정당하기는 하지만, 성이 해방되기 전까지는 즉흥적인 성교의 가능성조차 없었다는 사실을 잊어서는 안 될 것이다. 옛날의 성애 기술은 주로 엄격한 성도덕의 배경에서 나온 것이다. 성도덕에 대한 대가는 클 뿐더러 그 시절로 돌아가는 것은 현실적이지도 않고 결코 바람직하지도 않다. 이런 이유로 '과거의 성애'는 살아남지 않았고 동시에 집단구혼장에서도 의미를 상실했다.

하지만 과거의 성애로 돌아가는 것보다 너 불안한 문제는 성적 무지다. 성적 무지는 환상에 넘치고 거리낌 없으며, 지속적인 사랑의 유희를 단순한 쾌감 충족으로 대체하는 정욕의 기술에서 나오는 것이다. 진정한 사랑의 유희를 위해서는 인간의 성적 능력의 한계를 확대할 수 있는 창조력이 뒤따라야 한다. 욕정에 몰입하여 거리낌 없는 육체의 감각에 압도될 때 비로소 현실뿐 아니라 상상으로도 마력적인 황홀경을 맛볼 수 있을 것이다.

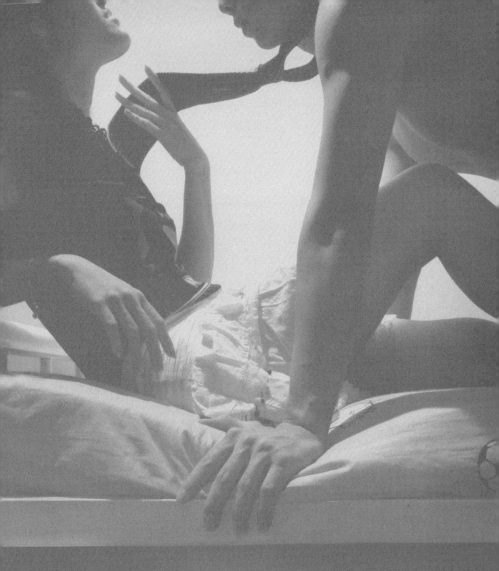

거리낌 없는 태도야말로 만족스러운 섹스를 위해 더없이 중요한 조건이다. 오늘날에도 양심의
가책과 수치심, 경직된 자세 때문에 자연스러운 사랑의 유희를 즐기지 못하는 사람이 많다.
하지만 거침없을수록 더욱 만족스러운 법이다. 서로의 육체를 갈망하는 가운데 인간은 한계를
모르는 동물적인 본능에 휩싸인다. 탐하고 갈망하는 피부의 표면 아래서는 상스럽고 외설적인
힘이 힘찬 활동을 전개하며 낯 뜨거운 말이 오고 간다. 찡그리는 표정과 자극적인 속삭임,
살결의 전율이 얼굴에 번진다. 이것은 쾌감에 도취된 황홀함으로 모든 이성을 침묵시키고
문명화된 인간적 존재의 이면을 표현하려는 외침이다.

7

욕정, 제동장치가 없는 엔진

잠재된 폭력성과 섹스

몸을 한껏 뻗거나 웅크리는 음란한 동작으로 가득 찬 외설적인 레슬링보다 더 정욕을 자극하는 것도 없다. '욕구는 본질적으로 싸움이고 다루기 힘든 특징을 지니기 때문에 섹스는 흔히 싸움의 형식이라고 말한다.' 《카마수트라》에서 하는 말이다. 실제로 많은 남녀의 성적 환상은 그다지 눈에 띄지도 않고 약해 보이지만 음침한 공격성을 담고 있다. 종종 성적 영감에는 상대에게 폭력을 가하는 상상이 포함된다. 또 이런 폭력에 반발하면서도 마음속으로는 상대에게 스스로 당하고 싶어 하는 심리도 있다. 만족스러운 섹스는 능동적인 정복과 수동적인 복종 사이의 끊임없는 균형을 요구한다.

이런 섹스의 유희는 폭력을 배제하면서도 폭력의 언서리에 접근한다. 성생활에서는 흔히 고상한 감정과 저속한 환상이 동시에 나타나게 마련이다.

성적 폭력은 이미 동물의 세계에 잘 나타나 있다. 수컷 모시밑들이(밑들이목 밑들이과의 곤충. 한국에서는 흔하지 않은 종으로, 일본에 분포한다-두산백과에서 인용, 편집자)는 규칙적으로 자신의 정자를 뿌리기 위해 강제로 암컷의 몸에 침입한다. 암컷은 비록 원하지 않더라도 수컷을 뿌리치지 못한다. 수컷의 몸에는 암컷을 꼼짝 못하게 하는 고리가 달려 있기 때문이다. 그리고 인간과 유전적으로 가까운 오랑우탄도 폭력적으로 짝짓기를 한다. 수컷 침팬지도 역시 별로 원하지 않는 암컷을 매우 거칠게 다루며 덤불 속으로 끌고 간다.

우리 인간도 마찬가지이며 특히 성적인 경쟁을 벌이는 남자에게는 폭력 성향이 있다. 매력적인 육체를 지니고 비즈니스에서도 성공한 남자가 평소에는 조화로운 파트너 관계를 유지하면서도 간혹 폭력을 행사하는 경우를 볼 수 있다. 그럴 때 그는 흔히 자신의 행동을 여자의 자극적인 옷차림과 도발적인 자세 탓으로 돌린다.

오랜 세월 동안 가정은 폭력이 허용된 공간이었다. 아이들이

나 여자를 때린다거나 아내가 원하지 않아도 강제로 동침하기
가 일쑤였다. 비좁은 공간에서 가깝게 붙어 지내다 보니 본래 조
화로워야 할 관계가 오히려 쉽게 손상되는 것이다. 독일에서는
1996년까지만 해도 가정폭력이 범죄행위가 아니라 '가장의 권
리'로 간주되었다. 부부 관계에서 동침을 강요하는 것을 범죄요
건을 충족하는 폭력으로 간주해 가정을 폭력 안전 지대로 선언
한 것은 불과 몇 년 되지 않았다. 그럼에도 불구하고 가정 내에
서 은밀히 자행되는 폭력은 전과 다름없이 흔히 남자의 성적 궁
핍을 원인으로 돌리는 경우가 많다.

성적 욕구를 계기로 발생하는 폭력을 설명하는 이론은 여러
가지가 있다. 그중에 가장 설득력이 있는 것은 인간이 태생적으
로 파괴적인 폭력성을 지녔다는 설이다. 이 이론은 거의 모든 인
간에게, 주로 남자에게 폭력성이 있다고 추론한다. 누구에게나
온갖 형태의 폭력이 나올 수 있다는 얘기다. 매력적인 여자의 뒷
모습을 훑어보거나 노출이 심한 차림, 다리나 매혹적인 몸매에
눈길을 보내는 남자는 순간적으로 이미 그 여자의 육체를 탐한
다고 볼 수 있다. 평소에는 아무리 교양으로 위장했다고 해도 이
런 눈길에는 이미 어떤 폭력성이 잠재되어 있다. 요즘 인터넷은
폭력 심리의 은신처라고 할 수 있다. 액션영화나 공포영화에서
는 온통 파괴적인 폭력과 섹시한 행동이 난무한다. 실제로 전투

장면도 성적 충동을 자극할 수 있다. 분노에 휩싸인 훌리건(축구
장에서 난동을 부리는 무리들을 일컫는 말- 옮긴이)이나 병사들이 때
로 광란적으로 성폭행을 하는 경우도 볼 수 있다.

　이런 잔인한 폭력이 일상생활에 침투할 때면 우리는 대개 폭
력이 무섭다는 것을 깨닫는다. 폭력은 인도주의적 인간상에 어
울리지 않는다. 하지만 죄수를 십자가나 말뚝에 매달아 처형하
거나 갖은 잔인한 방법으로 죽이던 관습은 그리 오래된 일이
아니다. 고문을 가하면서 서서히 죽이는 일도 많았고 심지어
시체를 토막 내기까지 했다. 현대적 문화는 단지 이런 잔인성
을 은폐한 잠재 공간일 뿐이다. 이런 문화는 인간의 가치관에
모순된다. 제도적인 폭력은 모든 평화적 수단이 통하지 않을
때 더 이상의 폭력이 확대되는 것을 막기 위해 예외적으로 허
용될 뿐이다.

　비록 서구사회가 폭력과 거리가 먼 것처럼 보일지라도 지금
도 극단적인 폭력의 징후를 공공연히 확인할 수 있다. 경우에 따
라서는 앞날이 불투명한 삶과 부당한 처우, 차별문화가 이런 폭
력의 원인이 된다. 또 자신이 바라는 목표를 좀 더 쉽게 달성하
려고 폭력을 행사하는 사람도 있다. 잔인한 강도사건의 경우, 대
개는 그동안 쌓인 살의를 충족하려는 목적보다는 손쉽게 돈을
쥐어보려는 의도가 엿보인다. 뿐만 아니라 종교적인 광신이나

정치적인 무모한 욕심 때문에 악의적인 폭행을 저지르기도 한다. 폭력범죄는 대부분 뚜렷한 정당화의 명분이 필요 없다. 폭행은 때로 폭력을 행사하는 자의 단순한 기분에서 비롯되며 뚜렷한 이유 없이 저지르는 것처럼 보인다. 이럴 때 폭행범은 간단히 병적 이상 심리를 지닌 것으로 설명된다. 보통 시민들은 '악행을 저지르는 자'와는 아무 관계가 없는 모습으로 비치고 싶어 한다. 하지만 폭행범도 이런 악행을 저지르기 전까지는 보통 시민들과 다름없이 매우 정상적인 활동을 한다. 그러다 악행이 드러난 이후 이들의 태도는 주위 사람들에게 이해되지 않을 뿐 아니라 수수께끼처럼 보이기도 한다.

그러나 이들의 행동은 전혀 수수께끼가 아니다. 분명한 사실은 우리 누구나 단순히 폭행의 피해자가 될 수 있을 뿐 아니라 잠재적으로 폭력 성향을 지니고 있다는 것이다. 그런데 우리는 폭력을 행사하거나 폭행을 목격했을 때 성적 쾌감을 포함해 어떤 특별한 욕구를 충족시킬 수 있다는 점을 간과하기 쉽다. 예로부터 폭력의 의식은 인간에게 기쁨을 주었다. 순수한 살해욕구에서 살인을 하기도 하고, 적을 쉽게 죽인다거나 고통스럽게 죽이는 일은 다반사였다. 역사적으로도 집단학살 방식으로 처형을 하거나 무방비 상태의 육체를 날카로운 집게로 찢거나 망치로 때려죽인 일이 있었다. 지금은 이 같은 폭력의 분출은 보기 어렵지만 그 바탕에 깔린 쾌감은 여전히 인간의 심리 저변에 남아 있다. 흔히 증오와 분노, 공포 때문에 아무 거리낌 없이 인간을 잔인하게 공격하는 행태는 결코 낯선 것이 아니다. 성욕도 마찬가지다.

대체로 전쟁이 가능한 까닭은 남자들이 단순히 국가지도자의 명령에 따르기 위해 전투에 참여하는 것만은 아니기 때문이다. 오늘날까지도 분노에 휩싸인 살육은 곳곳에서 엄청난 긴장을 유발하고 잔인한 약탈과 폭행이 뒤따르곤 한다. 전쟁에서 특히 성적 범죄는 폭넓게 자행되며 이미 성폭력 자체는 전쟁에서 늘 중요한 역할을 해왔다. 거친 물리적 힘이 성적인 자극을 줄 수 있다는 사실을 부인할 수 없다. 인간에게는 힘의 우위가 분명해지면 횡포를 부리고 싶은 욕구가 발산된다. 우세한 전력을 지닌 병사들은 규칙적으로 '처벌받지 않는 비인간적 행위의 기회'를 부끄럼 없이 활용할 유혹을 받는다고 귄터 안더스^{Günter Anders}는 말한다.

물론 문명화된 시민이라면 이처럼 정상을 벗어나 사회적으로 용납되지 않는 행동은 피할 수 있다고 믿고 싶겠지만, 잔인한 폭력이 뒤섞인 포르노 장면이 수많은 보통 사람들을 성적으로 자극할 수 있다는 것에는 논란의 여지가 없다.

'포르노그래피'란 말은 글자 그대로 '창녀에 대해서 쓰다'라는 뜻이다. 독일에서는 1980년대에 들어와 포르노그래피가 법적으로 허용되었다. 노골적인 포르노는 흡인력이 강해서 처음에는 많은 관객들이 접근을 꺼렸지만 이내 보고 싶은 욕구에 굴복하고 말았다. 포르노는 점잖은 사람에게도 성적으로 효과적인 자극을 줄 수 있다. 아마 이런 사람은 자기 반응에 당혹해 했을 것이다. 평소라면 그렇듯 저질적이고 추한 행위를 인간을 모멸하는 것으로 여겼으며 심지어 허용하면 안 될 병적인 태도로 보았을 것이기 때문이다. 이런 식의 자기관찰이 신중한 교양인의 존재를 뿌리째 흔들 수 있는 이유는, 이들이 평소에 아름답고 다정하며 사랑에 기초한 성애만 건전하고 사회적으로 용납되며 동시에 미풍양속에 어울리는 행위로 여겼기 때문이다. 이런 이유로 이들은 대개 성행위에서 온몸을 자극하는 공격적인 방식은 옳지 않다고 생각한다. 그럼에도 불구하고 많은 사람이 개인적으로 성적 환상을 펼칠 때는 포르노의 행위와 크게 다를 바 없다. 상상에서 벌어지는 행위는 일상적인 규범에서 벗어나며 사회적인 관습의 틀에 맞지 않는 것이다. 인간은 자신을 매우 강력하게 끌어당기는 것에 대해 비난할 때가 많다. 인간이 추한 대상에 분개하는 까닭은 그 속에서 자신의 흔적을 발견하기 때문이다. 인간은 스스로의 확신과 소망, 성향으로 넘지 말아야 할 한계를 돌파하는 모순의 존재다.

여성해방론자들, 특히 알리스 슈바르처 Alice Schwarzer 같은 페미
니스트는 포르노그래피를 여성에 적대적인 것으로 보고 거부한
다. 남성에 대한 성적인 복종, 언어폭력, 돈을 받고 출연하는 여
배우의 상징적인 길들이기가 그러하다는 이유에서다. 노골적인
포르노그래피는 여성의 모습을 폭력행위와 거의 구분되지 않을
만큼 이용 가능한 대상으로 선전한다는 것이다. 하지만 이런 견
해 자체도 페미니스트 사이에 논란거리가 되고 있다. 아네스 닌
Anais Nin과 에리카 종Erica Jong 같은 여성작가들은 여성의 성적 환
상에 담긴 공격적 형상을 허용 가능한 쾌락의 원천으로 정당화
시키기도 하며, 무턱대고 포르노그래피를 여성 적대적인 것으
로 거부하지 않는다. 여성적인 쾌락이 반드시 포르노그래피의
세계와 대립되는 것도 아니기 때문에 일부 여성의 반대는 흔히
자신의 타락에 대한 저항감으로 보여질 수도 있다.

반면, 별다른 수치심 없이 한계를 초월한 꿈의 욕구에 빠질 수
있는 사람은 스스로의 공격적인 측면을 결코 완전히 제어할 수
없음을 인정해야만 할 것이다. 보통 이러한 충동은 일상적인 행
동 규범으로 걸러지거나 극기로 통제된다. 물론 추하고 저속한
행위를 가로막는 문화적 차단 장치는 수없이 많지만 그렇다고
외설적인 행위를 근본적으로 불가능하게 만들 수 있는 것은 없
다. 완전히 고결하고 전혀 오염되지 않은 인간이란 존재할 수 없

는 것 아닌가! 어쩌면 다음과 같은 니체의 말이 타당할 것이다. '모든 인간의 마음속에는 마치 죄수처럼 갇힌 동물이 들어 있다. 그리고 이 마음에는 문이 달려 있어 조금만 틈이 벌어져도 탈출구를 발견한 죄수처럼 이 동물이 튀어나온다.'

존재의 지하에 갇힌 어둠의 충동이 밝은 바깥세상으로 기어 나오려면 자기 자신을 활짝 여는 개방적인 태도가 필요하다. 이때에는 아주 멀리 보이던 것이 가깝게 느껴지며 낯선 것이 본래 자신의 것으로 여겨진다. 이 순간에는 마치 '영혼 깊숙이 잠자던 본성'이 모습을 드러내는 것 같다. 공격성은 어차피 정열에 익숙한 것일지도 모른다. 내가 누군가를 뜨겁게 공격하고 나의 소유로 만들며 한 몸이 되고 싶은 강렬한 욕구를 느끼는 것처럼, 상대에게도 마음이 통하는 사람에게 난폭하게 다루어지고 몸이 뒤엉킨 채 강제로 복종하기를 바라는 심리가 있을 수 있다. 이렇게 되면 두 사람은 서로를 강렬히 원하면서 역할 바꾸기도 가능해지는 것이다.

성폭행은 사회적으로 용납되지 않는 열정을 행동으로 드러내는 정복행위이자 윤리적이고 법적인 의미에서는 성적 욕구를 계기로 표출되는 폭력행위다. 이와 달리 사회적으로 인정되는 열정적인 정복행위라면 만족스러운 섹스의 일부가 될 수 있다. 양측이 수동적인 복종을 열렬히 원하고 쾌락을 경험할 수 있는 행위로서의 섹스는 사회적으로 수용된다. 이런 경우라면 고통스러운 공격으로 느껴질 리 없다.

한계를 뛰어넘는 성적 자극과 긴장, 모험을 펼치는 이런 유희적 행위는 때로 역할에 따라 실제로는 폭력적이지 않으면서도 폭력행위를 닮을 수가 있다. 이런 행위는 상대를 괴롭히거나 모멸감을 주려는 적대적인 표현이 아니기 때문이다. 섹스에서의 공격 충동은 단지 모방적인 특징을 지닌 것에 불과하다. 이런 행위는 부드럽게 피부를 긁거나 깨무는 것에서부터 거친 마찰이나 허리띠로 몸을 묶거나 금속집게로 피부를 자극하거나, 심할 때는 가죽채찍을 사용해 사도마조히스트적인 쾌감을 시도해보기도 한다. 적대행위로 보이는 강제력이나 서로 더럽게 침을 뱉는 모멸적인 행위도 쾌락을 위한 유희에 포함될 수 있다.

침을 뱉는 행위는 모멸감이나 굴욕감을 주는 문화적 형태로서 생물학적인 배경이 있다. 알다시피 인간은 스트레스를 받게 되면 몸에서 경보나 불안의 반응이 나온다. 많은 에너지를 투자해야 할 긴장 상황에서는 소화체계는 물론 침의 분비기능이 전반적으로 차단된다. 그래서 불안해지면 입이 마른다. 침을 분비할 수 있다면 불안하지 않다는 것을 입증하는 셈이 된다. 이 때문에 침은 대개 단호한 태도와 용기를 의미한다. 호메로스의 글을 보면 적에게 침을 뱉는 묘사가 나오는데 이는 침이 마르지 않은 것을 보여줌으로써 적에게 자신이 전혀 두렵지 않으며 싸울 준비가 되었음을 분명히 드러내는 것으로 해석된다.

정상적인 상황이라면 거의 모든 사람의 마음속에서 가물거리는 이런 어둠의 에너지는 부담스럽게 느껴질 것이다. 이 때문에 공격적 에너지는 자기통제와 욕구 자제에 맡겨진다. 이와는 달리 쾌락이라는 이색적인 영역에서는 이 에너지가 환희의 감정과 결합한다. 사랑의 유희에서 공격적인 힘은 현실 생활과는 다른 특성과 분위기, 색조를 지닌다. 이때의 에너지는 특유의 독성을 상실한 것이다. 이때는 현실에서 상응하는 행동을 할 때의 날카로움이나 위협적인 요소가 결여되어 있다. 다만, 그렇다 해서 이 같은 사실이 왜 성적 탈선과 관련해서 공격성이 쾌감으로 느껴지는지, 왜 강렬한 만족감을 안겨주는지를 설명해주는 것은 아니다.

공격적인 섹스에 대한 욕구는 후기낭만주의 이래 이른바 '어두운 측면'으로 일컬어지는 인간의 본성으로 잘 설명된다. 이 말은 모든 질서와 형식 밑에서 깜빡이는 혼란스러운 무질서를 의미한다. 인간의 맹목적 의지는 자신을 가로막는 장애물을 힘차게 돌파하기 위해서 상황을 자신에게 유리하게 만들고 적대적인 힘을 약화시키고 싶어 한다. 이와 비슷하게 인간의 어두운 충동을 묘사하는 말은 낭만파 시인에서부터 지그문트 프로이트에 이르기까지 다양하게 표현되었다.

프로이트는 인간의 성적 본능을 '매우 위험한 것'으로 설명하는데, 공격성은 구속받지 않는 탈선에 중요한 역할을 하며 단지 쾌락 원칙이나 삶의 원칙, 이른바 '에로스Eros'만으로는 나올 수 없다고 주장한다. 에로스와 일치하는 감정은 오로지 평화적이고 조화로운 결합의 욕구이지 동물적 열정이 아니라는 것이다. 프로이트에 따르면 모든 동물적 욕구 뒤에는 성적 충동으로 도구화되는 파괴와 죽음의 충동이 들어 있다. 프로이트는 이 죽음의 충동을 '타나토스Thanatos'라고 부른다. 타나토스는 에로틱한 욕구를 이성과 연정이 들어설 자리가 없는 악마적인 것으로 바꾸어놓는다. '에로스는 일체감을 만들고 유지하기 위해 갈수록 더 끈끈하게 결합하려고 한다. 이와 반대로 죽음의 충동은 관계를 해소하고 그런 결합의 요소를 파괴하려고 한다.'

프로이트는 만년에 공격성과 사디즘, 마조히즘 연구에 매달리면서 죽음의 충동을 그 중요한 원인으로 보았다. 모든 유기적 생명체 내에 깃들어 있는 죽음의 충동은 무기물적인 근원에 대한 동경이라고 할 수 있다. 모든 생명체는 자신의 근본인 무생물의 세계로 되돌아가려는 성향이 있다. 하지만 죽음으로 회귀하려는 이런 경향은 자체로 존재하는 것이 아니라 모든 유기체에 존재하는 내적인 긴장을 해소하려는 의도에서 나온다고 한다. 따라서 죽음의 충동이 추구하는 것은 결코 때 이른 생명의 종결이 아니라 억압과 고통, 결핍으로부터의 해방이다. 죽음 충동은 모든 욕구와 소망을 극복함으로써 휴식과 평화를 얻고자 한다. 프로이트는 이것을 불교적인 발상에서 열반원칙(자기 파괴의 방법으로 갈등이 없는 충만의 세계를 열망하는 인간의 소망으로, 프로이트가 쾌락원칙과 구분해 사용하는 용어-옮긴이)이라 부르는데, 이 말은 원래 쇼펜하우어가 사용한 표현이다.

　이때 자기 파괴적인 충동은, 자기보존 욕구와 성적 본능을 지닌 삶의 충동으로 제대로 억제되지 않을 경우 인간을 파멸시킬 수도 있다고 한다. 즉 '에로스'는 '타나토스'와 서로 상반된 작용을 하는 것이다. 구체적으로 말해 삶의 충동은 근육의 도움을 받아 죽음의 충동을 외부세계로 향하게 함으로써 이것을 무해한 것으로 만든다. 그렇게 되면 죽음의 충동은 정복충동으로 변하게 된다. 말하자면 자연에 대한 인간의 정복이나 생산력 강화 또는 과학기술 문명으로 이어지는 것이다. 프로이트에 따르면 삶의 본능은 죽음의 충동을 사회적으로 유용한 공격성Aggression으로 변화시킨다. 라틴어 'aggredi'에서 나온 공격성이란 말은 '무언가에 접근하고 포위하고 움켜쥐는' 것을 의미한다. 그런데 이

때의 에너지는 성적 본능을 행사할 때도 나타날 수 있다. 성적 본능에서 이 에너지가 외부로 향할 때는 사디즘으로, 내부로 향할 때는 마조히즘으로 표현된다. 성적 본능의 모든 형태는 그 특징과 강도가 아무리 다양하다고 해도 에로스와 타나토스라는 원동력과 관계가 있다.

죽음 충동이라는 발상을 하기는 했지만 프로이트는 전쟁 중 사회적으로 용납할 수 없는 공격성이 나타나는 데 비해 사랑의 유희에서는 용납 가능한 공격성이 나타나는 것에 대해서는 제대로 설명하지는 못했다. 그동안 공격성이 인간의 원초적인 성향이라는 프로이트의 이론에 문제점이 있다는 것은 논란의 여지가 없게 되었다. 어쨌든 모든 주장을 간단히 요약하면 공격적인 행위는 좌절감에서 나온다.

단, 모든 공격성이 좌절에서 나오며 모든 좌절감이 공격성으로 이어지는 것은 아니다. 이와 비슷한 견해인 학습심리학적인 주장에 따르면 공격성은 공격적인 행위가 성공을 거둔 행동모형에서 학습된다. 하지만 여기서도 역시 공격적인 행동양식이 부분적으로는 이런 방법으로 학습될지는 모르지만 그렇다고 공격성이라는 현상을 이런 이론으로 설명할 수는 없다. 인간이 지닌 공격성의 뿌리는 사회구조에서 찾아야 한다고 주장하는 사회학 이론도 현상 자체에는 접근하지 못한다. 이런 의문에 대해 공격성을 인간 고유의 충동으로 본 프로이트의 견해는 옳다는 것이 입증되었다.

하지만 현대과학에 따르면 이런 충동은 단순히 죽음의 충동에서만 기인한 것은 아니다. 공격 성향은 뇌생리학과 관계되는 개념이기도 하다. 공격성은 전달 물질에도 원인이 있고 동시에 종족의 역사와도 관계되기 때문에 근본적으로 자기보존과 집단 보존에 기여한다는 것이다.

공격적 태도는 특히 남자의 성욕과 생식능력에 중요한 역할을 하는 테스토스테론에서 나온다. 그리고 바소프레신 같은 다른 호르몬도 이와 마찬가지로 공격성을 부추긴다. 공격성과 성적 본능은 똑같이 호르몬에 근원을 두고 있는 셈이다. 하지만 유기체를 뜨겁게 달구는 것은 무엇보다 테스토스테론이며 여자보다는 남자를 방탕아로 만든다. 남자는 여자보다 거친 말투를 사용하거나 위험한 행동과 어리석은 만용을 부리는 경향이 강하다. 남자의 테스토스테론 수치는 여자에 비해 평균 25배나 높다. 테스토스테론 수치가 높아지면 남자는 성적으로 더 쉽게 자극받고 충동적이 되며 더 왕성한 활동을 펼치지만 유감스럽게도 더 빨리 분노에 휩싸이기도 한다. 테스토스테론 수치가 낮아진다는 것은 성적 본능과 공격성이 약화된다는 것을 의미한다.

이때에는 뇌의 성 중추 활동이 약화되면시 성적 전달 물질도 줄어들게 된다. 이른바 정열의 불꽃놀이가 펼쳐질 때는 다양한 뇌의 영역과 전달 물질이 가담하는 것이다.

이와 같이 공격성은 호르몬 작용에 기초하여 인간의 성적 태도를 통제하고, 다른 물질과 상호작용하며 뜨거운 욕구와 황홀감을 유발한다. 신비의 영약 같은 작용을 하는 호르몬은 도파민이지만 옥시토신과 엔도르핀도 주로 몸이 절정에 다다랐을 때 다량 분비된다. 이와 전혀 다른 측면에서는 사회생물학에서 연구하는 공격성의 근원적인 기능을 들 수 있다.

콘라트 로렌츠Konrad Lorenz와 이레네우스 아이블–아이베스펠트Irenäus Eibl-Eibesfeld는 공격성이야말로 인간의 생명을 유지시켜주는 구성요소라고 주장한다. 자연환경의 적대적인 힘에 더 잘 대응하기 위해 인간에게 공격성이 존재한다는 것이다. 인간과 동물에게 있어서 공격성은 자기 생활영역의 방어 및 종족보존에 기여한다고 한다. 하지만 그동안 밝혀진 바와 같이 진화에서는 종족의 보존이나 번창보다는 개체의 유전정보를 전수해주는 것이 더 중요한 역할을 한다. 암컷이나 서열, 구역을 둘러싼 종 내부의 경쟁이 결코 언제나 '관례화된 싸움'만은 아니라는 것도 이 같은 사실에 부합한다. 따라서 집단 내의 동종 간 싸움이 일정한 규칙에 따라 벌어지며 결코 치명상을 입히거나 죽이는 일은 없다는 것이 이해된다. 싸우는 목적이 다만 경쟁 상대의 항복을 받아내는 것에 있기 때문이다. 물론 자연환경에서는 치명상을 입히는 싸움도 있다. 이때는 동종 내 경쟁자가 단순히 쫓겨나는 것이 아니라 부상을 입고 죽는 경우도 드물지 않다. 오늘날 이 두 가지 형태의 싸움은 개체의 유전자를 가장 이상적으로 복제하는 전략인 셈이다.

진지한 일상생활에서는 공격할 필요가 적을수록 그만큼 더 스포츠와 섹스에 ─당연히 개인에게 손상을 가하지 않고도─ 공격성이 투입될 수 있다. 육상이나 수영, 체조, 등산에서 입증되듯이, 모든 스포츠 활동은 공격성을 활용할 수 있다. 이런 스포츠 종목에서는 유난히 생물학적으로 입력된 운동충동이, 본래 먹이 조달과 도주, 공격에 대비한 인간의 자기실현에 기여하는 것을 볼 수 있다. 동시에 다른 여러 스포츠 분야는 제한된 자원을 둘러싼 본래의 싸움을 모방한 것이다. 예를 들어 먹이나 부화장소, 짝짓기 상대를 둘러싼 경쟁 또는 약탈하는 적이나 위협적인 자연의 힘에 맞서는 싸움과 유사하다. 특히 암벽등반이나 파도타기, 급류타기처럼 위험한 스포츠가 대부분 여기에 속한다. 이런 스포츠 종목에서는 진화단계에서 입력된 자기실현의 의지가 공격성을 띠고 있으며 인간의 자기만족에도 기여한다. 복싱이나 레슬링, 축구처럼 개인별, 집단별로 경쟁하는 격투기

나 단체 경기에도 똑같은 원리가 적용된다.

축구 경기는 활쏘기에 비견되는 일종의 사격 스포츠라고 할 수 있다. 골을 향해 슈팅하는 방식이 사격과 닮았다는 의미에서 축구는 생존경쟁의 역사에 포함된다. 득점한 선수를 가리키는 '골 사격자'나 '골 쏘기'라는 뜻의 '슈팅'이라는 표현도 결코 우연히 나온 것이 아니다. 또한 단체경기로서의 축구는 인간과 공동체의 원초적인 결속을 반영하고 있다. 이 같은 형태의 결속이 나오게 된 이유는 개별적으로 생존경쟁을 하는 것보다 주어진 자원을 공동으로 지키는 것이 비용이 적게 들기 때문이다. 이 밖에 개인보다는 집단이 적의 습격을 더 빨리 알아차릴 수 있다는 점도 있다. 따라서 도주하거나 방어할 경우에도 집단으로 하게 마련이다. 집단 간에 제한된 자원을 놓고 갈등을 벌이게 되면 같은 무리끼리는 협동이 이루어지는 반면, 경계를 이루는 이웃 집단과 경쟁을 할 때는 공격적 성향이 드러난다. 집단경기는 이런 원초적인 싸움을 모방한 것이다. 스포츠에서는 생존경쟁을 위한 싸움의 의미가 사라졌지만 인간의 자기실현이라는 의미에서는 둔화된 형태로 남아 있다고 할 수 있다.

운동선수들 간에 폭넓게 퍼진 은어 중에는 거친 언사를 주고받으며 자신을 과시하는 표현이 있는데, 이런 말은 소스타인 베

블런^{Thorstein Veblen}이 강조한 대로 원초적인 자기주장을 위해 포기할 수 없는 '야수적인 공격성'에 뿌리를 둔 것이다. 운동선수들이 쓰는 이러한 거친 언사는 대부분 전쟁과 성적 본능의 언어에 기원을 두고 있다. 이때의 야수적인 공격성은 이제 직접적인 생존 싸움에서 벗어난 인간을 스포츠의 힘겨루기, 즉 경쟁으로 몰고 간다.

원시시대를 상징하는 이 야만적인 기질은 현대세계에서 결코 사라진 것이 아니다. 야만적 기질은 과거의 진화단계에서 자연스럽게 물려받은 것이기도 하다. 인도주의적인 문화는 인간을 날카로운 이빨도 없고 물지도 않는 맹수로 변화시키는 데 부분적인 성공을 거두었을 뿐이다. 따라서 원시사회의 수많은 충동적 성향은 발산할 기회가 생겼다 하면 인간의 감정과 행동으로 모습을 드러낸다. 특히 스포츠와 섹스는 일정한 한계 내에서 인간의 야수적이고 야만적인 특징을 발산하게 해준다. 스포츠와 섹스는 문화적인 형식으로 야만시대로 돌아가는 것이며, 이런 형식을 통해 필요한 쾌락중추가 활동을 벌이고 해당 전달 물질이 분비되면 우리 인간은 이내 야만적인 유희를 즐길 수 있는 것이다.

이미 쇼펜하우어와 니체가 인식한 것처럼 인간사회의 형벌도 이런 원시적 기질에 뿌리를 두고 있나. 좀 더 자세히 살펴보면 정의라는 윤리적이고 법적인 가면의 배후에는 야생의 맹수와 다를 바 없음을 보여주는 인간의 맹목적인 보복 본능이 도사리고 있는 것이다. 여기서 육체적인 고문이나 금고형이 어떻게 부당한 행동이나 지켜지지 않은 약속 또는 부채상환 불이행에 대한 '보상'이 될 수 있는지 의문이 생긴다. 고통스러운 고문을 가하고 고달픈 옥살이를 시킨다고 해서 어떻게 범죄행위를 상쇄할 수 있단 말인가? 이것은 오직 범법자에 대한 형벌이 피해자에게 쾌감을 불러일으킬 때만 가능하다. 이때의 유쾌한 기분을 통해 피해자가 범법자의 고통을 보상으로 받아들일 때만 가능하다는 말이다. 니체가 말하듯이 '상쇄의식은 잔인한 행위를 요구하고 위임하는 데 들어 있다.'

선량하고 고상한 사람조차도 겉으로는 이런 요구가 그의 문화적인 수준과 교양에 어긋나는 것처럼 보일지라도 때로는 '영혼'의 바탕 위에서 잔인한 행위에 목말라 있는 것인지도 모른다. 사실 고통을 가하고 그것을 바라보는 것은 단지 고통의 유발이 쾌락으로 느껴지고 상대의 고통을 자신의 쾌감 강화수단으로 삼을 수 있을 때, 자신이 당한 부당한 행위에 대한 적절한 보상으로 받아들일 때 가능한 것이다. 이런 전제에서만 고통의 가해를 만족으로 느낄 수 있다. 중범죄자가 거리에서 고통당하는 모습을 보는 사람들은 실제 마음속으로 만족감을 맛본다. 사람들에게 통쾌함을 안겨주고, 어떤 의미에서는 보복 본능을 달래주며 만족과 함께 위로를 줄 수도 있는 것이다.

범법자에 대해 얼마큼의 가혹하고 잔인한 형벌이 마음을 달래고 만족시키는가에 따라, 사람들은 문명화된 외양과는 상관없이 야만적 기질에 따라 움직이는 잔인한 맹수의 모습을 드러낸다. 따라서 범법자에 대한 처벌은 고상한 시민에게 문명화된 정의감을 구실로 야만적인 욕구를 발산할 수 있는 적절한 기회를 제공한다. 인도주의자에게도 마찬가지로 형벌은 미덕이라는 가면 아래 잔인한 본능을 발산할 가능성을 열어준다. 엄밀히 말해 고대 로마에서 피 튀는 검투사의 결투를 보고 환호하는 것과 현대인이 범법자를 금고형에 처할 때 만족감을 맛보는 것은 정도의 차이만 있을 뿐 본질적으로 같은 것이다.

이러한 야만적인 형벌의 본바탕을 폭로함으로써 형벌에 대한 입법 의도를 문제 삼자는 얘기는 아니다. 하지만 형벌 방법에 대해 일련의 비판적인 의문을 제기할 수는 있다. 범법자에 대한 형벌에서 우리가 느끼는 심리적 만족의 배후에 숨겨진 야수적 성향을 들춰보면 우리 인간이 아무리 문화적으로 단련되었다고 해도 얼마나 끊임없이 야생의 미개상태로 돌아가고 싶어 하는지가 다시 한 번 입증된다. 물론 현대문명이 이런 야생회귀 성향을 막은 데는 충분한 근거가 있으며, 대신 일정한 행동규범을 담아 야생에 가까운 일종의 보호구역을 설치하기도 했다. 합법적인 형벌이라는 명분으로 위장된 인간의 야수성은 격투기 스포츠나 도취적인 축제, 아무런 거리낌 없이 적나라하게 즐기는 모험적 섹스에서 본격적으로 발휘되는 것인지도 모른다. 이런 생활방식이야말로 현대적인 정욕의 동물원을 만들어내는 것과 다를 바 없다. 이런 공간에서 인간은 사회적으로 허용된 방법을 빌어 평소에는 억제된 정욕의 원시림으로 잠깐씩 돌아가는 것이다. 성적인 낙원이 어떤 규범도 없는 완전한 생지옥으로 변하지 않는 한, 정욕의 어두운 나락을 향해 이탈하는 이런 행태는 사회적으로 용인될 뿐만 아니라 때로는 환영받기도 한다.

여보, 죽을 정도로 해줘요!

예술과 문학, 철학뿐만 아니라 생물학에서도 인생의 절정의 순간에 맛보는 사랑과 죽음의 비교는 끊임없이 반복되는 주제다. 인간적인 시각으로 볼 때 사랑과 죽음이 잔인한 형태로 교차되는 예는 검은 과부거미의 번식방법이라든가 사마귀와 거미 암컷의 경우에서 찾아볼 수 있다. 이들은 흔히 짝짓기를 하는 도중이나 짝짓기가 끝난 다음 정자를 뿌리는 수컷을 잡아먹는다. 이른바 사랑으로 배를 채우는 셈이다. 하지만 최근 연구에 따르면 수컷이 희생당하는 것은 결코 암컷을 위해서가 아니라 오직 후손 때문이라고 한다. 수컷은 후손의 건강을 위해 암컷의 뱃속에서 영양가가 높은 칵테일 역할을 하는 셈이다. 이런 방식으로 수컷은 자신의 유전자가 후손에게 무사히 전파되도록 배려하는 것이다.

삶이 죽음과 얼마나 긴밀하게 결합되는가는 이미 본래의 한 개체가 소멸되고 두 개의 세포로 증식되는 일종의 무성생식인 세포분열에서 나타난다. 좀 이상하게 들릴지 모르지만 유성생식에서도 매우 비슷한 현상이 일어난다. 물론 인간처럼 성을 지닌 개체는 보통 후손의 탄생 이후에도 살아남기는 하지만 이들의 생존은 단지 일정한 기한을 둔 일종의 유예 상태라고 할 수 있다. 생물학적인 관점에서 보았을 때 장기적으로 후손에게 도움이 되기 위해 부모의 유전자를 전파하는 데 죽음을 뒤로 미룬다고 볼 수 있기 때문이다. 쉽게 말하면 새로운 생명의 탄생에는 생산자의 죽음이라는, 결과가 예정된 생물학적인 계약이 담겨 있다. 이렇게 섹스에는 모든 인간의 삶과 죽음의 바탕이 깔려 있다. 결국 죽음은 성적 본능의 덕을 입은 삶과 같은 궤도에 있다고 볼 수 있다. 유성생식과 소멸의 순환을 통해 비로소 생명의 부활과 지속적인 발전이 가능한 것이다.

이때 인간의 열정은 죽음이라는 외형적인 생물학적인 관계에만 영향을 미치는 것이 아니라 동시에 내적 체험으로서 삶과 죽음 사이에서 기이한 방법으로 떠돌게 된다. 한계를 넘는 사랑의 요구는 때로 다양한 관계 속에서 죽음에 대한 동경으로 표현된다.

육체적 쾌락은 어찌 보면 정지신호를 무시하는 것과 같다. 언제나 좀 더 오래 머물기를 바라기 때문이다. 이 정도면 만족했다는 신호를 보내야 할 일정한 목표라는 것이 없으며, 쾌락을 맛볼 때는 몰아의 경지로 들어가려는 경향이 강하다. 또한 욕정은 제동장치가 없는 엔진과 비슷하다. 모든 욕정은 본질적으로 과잉 상태여서 끊임없이 한계를 넘을 것을 요구한다. 일단 개인이 이런 열정에 사로잡히면 당사자의 삶이나 상대의 삶은 이내 — 때로는 마약의 영향으로 본격화되는— 위험수위에 이르게 된다. 이때의 열정은 이들을 쾌락적인 자기희생의 경계로 몰고 갈 수 있다. 프리드리히 슐레겔의 《루신데》에 나오는 다음의 묘사가 이런 상태를 적절하게 대변해준다. '만족을 모르는 상태가 아니라면 사랑이라고 할 수 없다. 우리의 삶과 사랑은 파멸할 때까지 그치지 않을 것이다.' 이처럼 삶을 긍정하는 열정은 죽음에 이를 때까지 계속 전개될 수 있다.

사랑의 충동도 극단적으로 치달으면 삶에서 존재의 근거를 빼앗으려고 위협하는 죽음의 충동으로 표출된다. 연인들은 흔히 쾌락에 몸을 던지거나 그 뜨거운 열기에 몸을 불사르려고 하며 흘러넘치는 욕정으로 상대를 갈가리 찢거나 갉아먹고 싶어 하는 심리를 보일 때가 많다. 이렇게 에로틱한 도취 상태에서 강렬한 쾌감에 사로잡히면 자신과 상대의 안전 따위는 아랑곳하지 않게 마련이다. 특히 환희에 넘치는 몰아의 경지에 이르고 싶을 때는 자기파괴나 상대의 파멸이 더 두드러지게 나타날 수 있다. 이런 점에서 성적인 최면 상태와 신비로운 몰아의 경지, 종교적으로 맹목적 경향을 보이는 순교자와 다를 바 없는 광적인 단호함이 혼연일체가 된다. 이 모든 상태는 또한 삶을 안전하게 유지시켜주는 것에 유독 무관심하다는 점에서도 일치한다. 드 사드^{Marquis de Sade}와 바타이유^{Georges Bataille}가 분명하게 설명한 대로, 때로는 이런 무관심에 동물적인 잔인성이 수반되기도 한다.

하지만 이 에로틱한 자기소모의 핵심은 결코 죽음의 모색이 아니라 오히려 삶을 극단적으로 추구하려고 하는 성향이다. 이런 성향은 프랑스어로 '작은 죽음^{Petite mort}'이라고 불리는 오르가슴으로 압축된다.

오르가슴이 특히 죽음을 연상시키는 까닭은 이 상태가 개체를 해체하는 것으로 보이기 때문이다. 이 과정을 히오콘다 벨리^{Gioconda Belli}는 에로틱한 시 〈어젯밤〉에서 한 여자의 다음과 같은 시점으로 명백하게 묘사한다. 어기서 남자는 '벌거벗은 전사'처럼 자신의 '무기'를 여자의 몸에 꽂는다. '당신은 계속해서 내 성기가 수류탄처럼 폭발할 때까지 불꽃 튀기는 모루를 두드리는 대장장이었어요. 이어서 우리는 달의 파편이 눈송이처럼 흩날리는 기분으로 죽음을 맛보았죠.' 이렇게 폭발에서 맛보는 죽음의 인지 뒤에는 기실 죽음의 체험으로 잘못 묘사되는 황홀한 삶의 실현이 숨어 있다.

이와 똑같은 현상은 모든 한계를 뛰어넘는 사랑의 열광에서 죽음을 동경할 때도 적용될 수 있다. 바그너의 《트리스탄과 이졸데》야말로 잘 알려진 예라고 할 수 있다. 이 음악은 이상적인 사랑이라는 가장 아름다운 꿈에 불길한 깃발을 꽂아놓은 기념비적인 작품이라는 평가를 받는다. 켈트족의 이 트리스탄 이야기는 운명적이면서도 거역할 수 없으며 동시에 아무런 기대도 할 수 없는 사랑을 다루고 있다. 이 사랑은 '나와 그대'의 이별을 극복하기 위해 소멸과 죽음을 동경하는 가운데 죽음으로 끝난다. 야성적인 쾌락과 그칠 줄 모르는 욕구에 대한 고통스러우면서도 달콤한 선율, 비탄을 묘사하는 이 오페라는 죽음에서 구원과 자기실현을 꿈꾸는 사랑의 고통을 표현한다.

트리스탄과 이졸데는 황홀한 성행위를 나누면서 종말을 맞기를 원했다. 하지만 이 죽음의 동경이라는 목표는 단순히 삶의 종말이 아니라 공동의 정사情死속에서 완전히 하나가 될 수 있다는 생각에서 비롯된 것이다. 바그너는 이 동경을 현세의 밤에서 탈출해 영원한 밤으로 도피하는 꿈으로 묘사한다. 니체는 이것을 두고 '한밤중에 맛보는 죽음의 행복'이라고 부른다. 이루지 못한 사랑의 고통에서 나오는 구원과 자기실현의 꿈 두 가지는 이후 토마스 만의 단편《트리스탄》과 아우구스트 폰 플라텐August von Platen의 시 〈트리스탄〉에서 다음과 같이 표현된다. '눈으로 아름다움을 보는 사람은 이미 죽음에 내맡겨진 것이나 다름없다. (……) 이 사람에게는 사랑의 고통이 영원히 지속될 것이다. 어리석은 자만이 지상에서 이런 열망이 실현되기를 기대하기 때문이다.' 이것은 지상에서는 이루어질 수 없고 낮에 실현될 수도 없는 것이다.

　많은 사람들이 바그너의 종교축제극《트리스탄과 이졸데》를 작곡가의 작품 중에서 가장 아름답고 감동적이며 예술성이 풍부한 것으로 꼽는다. 바그너는 쇼펜하우어에게 영감을 받아 이 작품을 작곡했다고 한다. 쇼펜하우어는 인간은 고통스런 삶과 생의 의지를 부정함으로써만이 구원받을 수 있다고 주장했다. 이런 그의 세계관은 때로는 음울하고 둔중하며 때로는 열정을 자극하는 선율적 언어를 담은《트리스탄과 이졸데》전편에 철학적 배경으로 깔려 있다. 그런데 한편으로 바그너는 종말을 원치 않는 사랑과 죽음의 충동이 담긴 이 음악드라마가 끔찍하게 느껴졌다. 청중이 미칠지도 모른다고 생각했기 때문이다.

고통으로서의 삶과 생의 의지를 부정함으로써 구원에 이를 수 있다는 쇼펜하우어의 사상은 프로이트에게 죽음의 충동이라는 발상을 낳게 해주었다. 1920년 《쾌락의 원칙을 넘어서》에서 처음 모습을 드러낸 이 죽음의 충동은 쇼펜하우어의 이론에 기인한 것이다. 이미 공격성의 장에서 설명했듯이 프로이트는 모든 유기체가 휴식과 긴장해소를 위해서 무기물적인 초기 상태로 돌아가려는 경향이 있다고 주장한다. 따라서 삶의 충동과 대립되는 죽음은 모든 충동의 궁극적인 목표라는 것이다. 동시에 삶의 쾌락욕구는 보통 죽음의 동경보다 더욱 강하다고 한다.

비록 죽음의 충동이 있다고는 하나 사랑의 욕구에서 느끼는 죽음의 동경을 자세하게 살펴보면 이것은 결코 죽음이 아닌 삶과 관계된 열망이라는 것을 알 수 있다. 로마의 시인 오비디우스는 반대의 열망을 이렇게 표현한다. '비너스의 동작 하나하나에서 나는 소멸을 꿈꾼다. 내가 죽는다면 나는 그런 동작을 하면서 그 속으로 사라지고 싶다.' 하지만 과잉욕구와 낭만적 사랑에서 맛보는 죽음의 동경은 단지 완벽한 합일을 위한 멈추지 않는 열망을 대변할 뿐이다. 완전한 합일을 열망하는 현상의 배후에는 사랑의 충족에서 경험하는 밀착 충동이 담겨 있다. 이 때문에 열정은 끊임없이 한계를 넘을 수밖에 없다. 하지만 열망한 목표는 어디에서도 달성되지 않는다. 비록 음악이나 마약은 그것이 실현될 것처럼 장담하기도 하지만.

8

욕망의 뒤꼍

대도시의 밤! 상반되는 모든 삶의 형태와 관심이 힘겨루기를 하는 곳. 여기서는 낡은 공동체, 어쩌면 모든 형태의 공동체를 위협할 수 있는 힘이 존재한다. 밤의 대도시에서는 거리낌 없이 온갖 개별적 존재로 대담하게 해체되는 현상이 나타난다. 마치 악몽과도 같은 밤의 혼란 속에서는 이성과 규범의 빛을 받는 세계와는 다른 힘이 작용하게 마련이다. 이 힘은 '너무도 인간적인 것'을 몰아내는 충동적 삶에서 미처 구원받지 못한 유령들이다. 대도시의 밤은 규격화된 일상을 거부하며, 사람들은 낮 동안 습관적으로 존중하던 모든 법칙을 쉽게 위반한다. 밤이 되면 도시의 대초원에서는 온갖 도덕과 예절로부터 자유가 흔쾌히 풀려나온다. 이 때문에 오늘날까지도 밤의 방랑자에게는 여전히 좋지 못한 평판이 따라다닌다. 밤에 어두운 골목과 인공조명의 거리를 쏘다니는 자의 선택은 낮보다 더 자유롭고 한계도 없으며 더 문란한 것으로 보인다. 보통 시민들은 대도시에서 흘러넘치는 이런 혼란에 경악하거나 분노를 터뜨린다.

하지만 도심의 밤에서 풍기는 문란함이 아무리 불쾌하다고 해도 어둠과 동시에 찾아오는 이 반대세계는 근본적으로 인간이 지닌 추한 욕망을 발산할 수 있는 매혹적인 자유공간을 제공한다. 겉으로는 은폐된 상태에서 볼썽사나운 욕구 충족과 금지된 연애가 도사리고 있는 이 공간이 아무 제한 없이 허용되는 것도 밤이다. 밤의 방랑자는 퇴폐의 마력에 즐겨 빠져든다. 선량한 시민조차도 밤이 되면 침대에서 불안하게 뒤척이며 도시의 밤에 이끌리는 육체 속에서 꿈틀대는 욕구를 느낀다. 다만 밤의 방탕아들과 달리 어디로 갈지를 모를 뿐이다.

도시의 밤의 또 다른 특징이라면 안타깝게도 인간의 바람과 관심, 희망에 대해 냉혹할 정도로 무관심하다는 것이다. 대도시의 밤에는 수많은 가난과 역경, 버림받은 느낌을 갖게 해주는 잔인하고 몰인정한 분위기도 깔려 있다. 여기에는 나름 행복을 찾으며 집도 없이 혼자 힘으로 버티는 인간의 모습이 드러나거나, 결국 인간이란 온갖 고난으로 가득 찬 삶을 이겨내려고 힘겹게 싸울 수밖에 없는 존재임이 입증되기도 한다.

또한 도시의 밤은 흘러넘치는 정욕에 사로잡힌 방탕아들의 친구이기도 하다. 밤은 지하의 범죄세계와 수많은 악덕을 그 소굴에서 기어 나오게 만든다. 이 모든 것은 낮의 빛이 사라지면서 모습을 드러낸다. 허풍과 사기로 무장한 뚜쟁이, 빛을 두려워하는 중개인, 돈벌이에 눈먼 조폭, 배경이 불확실한 도박꾼과 동시에 무일푼의 예술가, 음탕한 매춘부 등등. 틀에 박힌 생활을 하는 시민도 어둠침침한 나이트클럽 주변을 어슬렁거리며 삶의 어두운 측면을 알고 싶어 할 때가 있으며, 때로는 범법자의 세계에 접근하기도 한다. 이들의 마음속에서도 모험 충동이 부글부글 끓어오를 때가 있다. 인습이라는 차단장치를 지닌 고루한 사람도 때로는 밤의 장막 속에서 위장색을 씻어내기도 한다. 어쩌면 어린 시절 못된 장난을 일삼으며 심각한 범죄를 마음속으로 그리던 동심이 꿈틀대는 것인지도 모른다.

밤의 방랑자들이 인위적인 조명으로 휘황찬란하게 밤을 밝히는 대도시에 예속되는 것은 대도시가 어떤 면에서는 모든 가능성을 열어놓은 탈법의 대초원을 연상시키기 때문이다. 개중에는 폐허와 다를 바 없는 비좁은 골목이나 컴컴한 공원을 선호하는 무리도 있다. 이런 곳에는 흔히 연인들 외에는 불량 청소년들이 어슬렁거릴 뿐이다. 밤이 어두울수록 공공의 보호기능은 줄어든다.

거리의 현란한 불빛 속에서 밤의 공간에는 안전함이 사라진다. 안전성을 상실한 밤은 수월하게 환상을 불러내면서 매혹적인 불확실성 속에 빠져든다. 그렇게 되면 사람들은 거리낌 없이 궤도를 이탈하고 낮과는 다른 것들이 보이며 현실은 한낱 허구적인 것이 되고 만다. 현실과 상상의 경계가 소멸되는 것이다. 뿐만 아니라 밤의 생활에는 익명의 아스팔트 위로 뭔가 정체를 알 수 없는 것이 달라붙으며 매혹적인 자극으로 변한다. 어둠의 나락 위에 펼쳐진 위태로운 길을 걸으며 사람들은 대도시의 익명성에 기꺼이 몸을 맡긴다. 그리고 속이 들여다보이지 않는 덤불 속을 헤매면서 방향을 찾을 수 있는 낯익은 길을 잃어버리게 되는 걸 즐긴다. 더불어 탄탄하게 딛고 설 발밑의 땅이 꺼지는 듯한 기분을 맛보며 몇 시간이고 야성의 파도에 빠져들기를 마다하지 않는다. 위험한 스포츠를 즐기는 사람처럼 밤의 방랑자들은 모험에 몸을 내던지기를 좋아한다. 밤의 방랑은 이들에게 새로운 생명력을 제공한다.

보통 인간의 내면 깊숙한 곳에서 억눌린 채 잠복하고 있는 동경으로부터 관심을 돌리게 해주는 것은, 검사와 통제를 받는 가운데 숨 가쁘게 돌아가는 일상의 분주함이다. 그 동경은 불쑥 찾아오는 낯선 손님처럼 인간의 의식에 백일몽의 형태로 침투할 수 있다. 일단 의식에 침투한 동경은 당장 쫓겨나지는 않는다.

이런 모험의 욕구는 밤이 지붕 위로 내려앉는 저녁시간이면 본격적으로 활동을 개시하며 날이 밝아오면서 다시 사그라든다. 다람쥐 쳇바퀴 같은 일상의 분주함에 시달리다가 하루 일과를 마치고 기진맥진한 상태에서 아늑한 휴식을 찾는 사람은 온갖 즐거움이 난무하는 밤의 경기장과는 떨어져 보호받을 때가 많다. 밤이 찾아오면서 아늑한 가정을 박차고 나와 혼란한 밤 생활을 찾는 사람이 얼마나 많은가! 이렇게 방황하는 사람에게 도시의 밤은 잡을 수 없는 행복을 약속하는 것처럼 보이기도 한다. 대도시의 밤은 은밀한 바람과 욕구를 부르는 유혹적인 분위기를 풍긴다. 사람들은 시적인 환영이 그다지 위력을 발휘하지 못하는 밝은 낮보다는 밤에 더 쉽게 착각에 빠지곤 한다. 이와 같이 밤의 도시는 쉽사리 환상에 빠지게 하면서 관능적인 꿈을 좇을 수 있는 수많은 가능성을 제공한다.

이때 대도시의 밤은 전체적으로 양면성을 드러낸다. 때로는 자극하고 혼란을 안겨주며 유혹하는 동시에 위협적인 영역을 형성하기도 한다. 어둠이 짙어지면서 한편으로는 나락에 빠질 위험성이 더욱 커지지만 다른 한편으로는 얼마 동안은 일상의 압박에서 빠져나올 수 있다는 약속도 그만큼 더 분명해진다. 도시의 밤 생활은 자유분방하고 도취적인 온갖 만족의 가능성으로 사람들을 끌어들인다. 하지만 동시에 불확실한 밤거리에 잠복해 있는 위험성 때문에 사람들을 불안하게 하기도 한다. 자유와 쾌락의 욕구를 자극하는 목소리에 홀려 쉽게 중심을 잃는 밤의 방랑자도 예외는 아니다. 이런 점에서 밤은 다양한 모순과 불안, 쾌락과 동시에 반발심, 욕구의 무대를 제공한다. 향락에 도취된 밤의 방랑자는 올바른 균형을 찾는 일을 소홀해서는 안 된다.

파스칼Blaise Pascal은 인간의 모든 불행이란 그저 편하게 방 안에 머무르지 못하게 하는 지극히 단순한 상황에서 나온다고 말한다. 어쩌면 인간의 모든 행복도 이와 같은 것에서 비롯될 수도 있다. 밤의 방랑자들이 거리를 가로지르며 누비고 다니는 까닭은 잠을 잘 수 없기 때문이다. 꼭 불면증 때문에 이들이 잠자리를 빠져나오는 것은 아니다. 이들이 아무런 목적도 없이 거리를 배회하는 것은 혼자 있는 것에 질린 나머지 온갖 재밋거리로 가득한 유혹에 빠지기 때문이다.

　밤은 잠을 자기 위해서만 있는 것은 아니다
　밤에는 무언가가 벌어진다
　배는 항구만을 위해 존재하는 것이 아니다
　배는 항구를 벗어나 깊은 바다로 나가야 한다
　벗들이여, 마음껏 도취하고 마시고 사랑하라

웃으며 몹시도 아름다운 순간을 즐겨라

우리를 도취하게 만드는 밤은 은총과 행복을 의미한다.

이것은 1938년에 나온 유명한 리뷰영화(1930~1950년대에 성행한 독일의 영화 장르로 뮤지컬과 오페레타, 무용영화와 매우 유사하다-옮긴이) 〈화산에서의 춤〉에 나오는 대목이다.

밤의 방랑자는 다시는 오지 않을 행복의 기회를 놓치지나 않을까 두려워한다. 이들이 두려워하는 것은 삶이 눈앞에서 기적의 선물을 듬뿍 안겨주는 순간 자신이 그 자리에 없는 것이다. 물질적으로 부족함이 없고 거의 자신이 계획한 대로 삶이 돌아갈 때도 이들은 종종 이 삶에서 의도적으로 도피하고 싶어 한다. 그런 일상에는 백일몽이 들어 있지 있다. 똑같은 일과가 반복되면서 가족과 함께하는 식사시간에는 침묵만이 감돌고 미래가 점점 암울하게 느껴질 때, 이들은 삶의 시계에서 마치 태엽이 빠져나간 것 같은 기분에 휩싸인다.

'어쩌면 내 인생은 실패한 것이 아닐까?'

반면에 밤의 대도시는 모험을 꿈꾸는 자에게 맥 빠진 삶에 새로운 활력을 불어넣을 기회를 줄 것처럼 보인다. 갑자기 뭔가 자극적인 것을 경험하거나 자기감정을 거리낌 없이 펼치고 싶어지면서 비용이 얼마가 들더라도 풍요롭고 만족스러운 삶이 가치가 있는 게 아닌가 하는 생각이 드는 것이다.

대초원에서 사냥감을 좇는 사냥꾼처럼 '밤의 축복을 열망하는 자'는 낮의 햇빛을 벗어나 욕구를 마음껏 발산할 수 있는 은밀한 열정을 추구한다. 실제로 수많은 나이트클럽이 불을 밝히고 불륜과 마약의 가능성을 제공하는 밤의 대도시야말로 에로틱한 실험을 하기에는 최적의 공간이다.

새벽 4시가 되어서야 손님이 북적거리는 나이트클럽, 이른 새벽에 비로소 활기를 띠는 파티는 대도시에서는 더 이상 낯선 모습이 아니다. 자극적인 마약과 주술사나 다름없는 디제이의 흥분을 돋우는 음악, 집단적인 황홀경에 빠질 때까지 몇 시간이고 지칠 줄 모르고 춤을 추는 밤의 방랑자들, 이 모든 것은 한계를 뛰어넘는 동시에 초현실적인 특징을 보여주는 의식을 방불케 한다. 다정한 미소를 교환하며 땀을 흘리는 밤의 무리는 눈을 감고 두 손을 위로 뻗은 채 자신들을 압도하는 아우성과 음악에 흠뻑 취한다. 파티의 참석자들 위로 망치를 두드리듯 울려대는 베이스음의 거친 리듬은 플로어 위로 넘치는 활력을 쏟아낸다. 광란의 표정을 짓는 참석자들은 마치 굉음을 울리는 스피커에 홀린 것처럼 보인다. 온통 진동에 휩싸인 모습이다.

이처럼 나이트클럽에서는 넘치는 열정을 마음껏 발산할 수 있고 음악과 마약, 연애에 흠뻑 빠질 수 있다. 이곳에서는 미친

듯이 움직이는 젊은이와 대도시의 마약중독자, 대학생뿐만 아니라 단순 노동자, 회사원, 공무원, 은행직원, 기업체 관리자들도 쉽게 눈에 띈다. 스치듯 지나가는 행복한 순간의 섬광이 이들 머리 위로 쏟아질 때면 오직 터져 나오는 관능의 순간만이 의미가 있을 뿐이다. 그 때문에 환호성을 지르고 땀을 흘리며 곳곳에서 아우성을 친다. 강렬한 삶의 중독에 사로잡힌 밤의 방랑자들은 마침내 흘러넘치는 관능의 고지를 점령하기 위한 탐험에 나선다. 이들은 일단 이 고지에 도달하면 좀처럼 베이스캠프나 일상의 출발지로 돌아오려고 하지 않는다.

이런 곳에서는 각종 연애가 꽃을 피우며, 어쩌면 밤이 지닌 어두운 측면으로서 삶의 욕구에 도움을 줄 수 있다. 그리하여 밝은 낮에는 어둠 저편에 숨어 있는 에로틱한 환상에 본격적으로 매달릴 수 있다. 밤이 되면 환상은 분명하게 모습을 드러낸다. 인간은 누구나 자신의 소망에 어두운 측면이 있음을 알고 있다. 이런 바람은 밤이 되어서야 비로소 단호하게 모습을 드러내며 충만한 향락으로 발전하게 된다. 사람을 뜨겁게 달구고 일상의 궤도를 벗어나게 하는 강렬한 관능의 환희를 의도적으로 포기할 수 있으려면, 누가 이 환희를 포기할 준비가 안 되었는지 알아야 한다. 자신의 열정에 굴복하지 않기 위해 무엇을 포기할 것인지 판단하려면, 먼저 대도시의 밤에 숨어 있는 가능성을 직접

손에 쥐어보고 숨어서 엿보며 함께 즐기는 과정이 있어야만 할 것이다.

이때 밤의 대도시는 상상의 그림 속으로 도피하도록 끊임없이 유혹한다. 이런 꿈 같은 그림은 낮의 세계의 보호를 받는 미풍양속의 인습과는 전혀 대립되는 것이다. 많은 사람들이 에로틱한 모험을 위해 친숙한 환경을 버리고 정서적인 혼란에 빠져들 준비가 되었다는 것은 부정할 수 없는 사실이다. 이들은 관능의 도취 속에서 예전에 꿈꾸던 거의 모든 것을 소유할 수 있다고 여긴다. 인위적인 조명으로 밝혀진 대도시는 순간적으로는 온갖 비밀과 마법으로 가득 찬 요정의 숲과 같을 수도 있다. 하지만 이런 삶은 이내 정신적, 육체적 한계에 부딪치고 만다. 끝없이 다양한 삶의 가능성으로 행복을 약속하는 것은 개인의 능력으로는 이내 힘에 부치는 일이 될 수밖에 없다. 뿐만 아니라 섹스와 마약, 나이트클럽 출입에 대한 욕구는 자기 파괴적인 중독으로 번질 위험성이 크다. 정욕의 거센 파도가 머릿속으로 밀려들면 더욱 빨리 주의력을 잃게 된다. 이런 상황에서는 이성의 통제력에 대한 불신이 최고조에 달한다. 자신의 느낌과 생각, 행동을 이성과 짝을 지우기 위해 이성에 신혼침대를 마련해주기만 하면 된다고 믿는다면 순진한 생각이다. 이성을 지나치게 믿지 않는 편이 좋다.

이 때문에 '밤의 열광자' 중에서는 처음부터 무질서한 욕정의 격랑으로 무턱대고 뛰어들지 않는 사람도 많다. 이들은 환멸과 기만에 대한 불안으로 망설이며 결단을 내리지 못하기도 하지만 때로는 과감한 선택도 마다하지 않는다. 이들은 에로틱한 모험의 기회를 잡으려고 온 사방을 두리번거리며 거리를 배회하고 나이트클럽을 찾는다. 그러다가 맞춤한 쾌락의 대상이 발견되면 설령 우유부단한 사람일지라도 시선을 피하지 못하고 갑자기 모든 것에 접근할 준비가 된다. 몇 시간의 관능적인 쾌락을 제공할 대상을 본 순간 과거와 미래는 현재에 압도당한 채 사려 깊은 모든 태도는 순식간에 모습을 감춘다.

하지만 아침은 찾아오게 되어 있다. 날이 밝는다는 것은 매혹적인 황홀경이 끝나는 것을 의미한다. 아침햇살 속에서는 자유분방한 감동을 맛보려고 해도 소용이 없다. 밤에 현실화된 꿈은 대부분 집으로 돌아가는 길에 깨게 마련이다. 인적이 끊긴 거리의 새벽공기는 밤의 방랑자에게 강렬했던 모든 행복이 그저 덧없는 것임을 일깨워줄 뿐이다. 이런 식의 행복은 냉정한 일상에 뿌리를 내린 것이 아니므로 지속성이 없다.

따라서 느닷없이 원인 모를 환상이 나타나거나 무방비 상태에서 자신을 엄습하지 않도록 그 정체를 인지해두는 것은 큰 이점이 될 수 있다. 그럼으로써 기만적인 밤이 주는 손실을 냉정하게 평가하고 때로는 낮의 법칙에서 벗어나는 것을 포기하지 않고도 중도에 그 피해를 어느 정도 막을 수 있기 때문이다.

밤의 대도시는 이질적인 것에 대한 검문소 역할을 하는 셈이다. 자신의 내부에서 이질적인 요소를 확인하려면 대도시에 한 번쯤 가볼 필요가 있다. 밤의 대도시는 욕망의 어두운 측면이 모습을 드러내는 개인의 이질적 측면을 반영한다. 삶이 지닌 어둠의 측면이 낯설어 보이는 것은 오직 불안하게 억눌린 가운데 애써 부인해왔기 때문이라는 니체의 지적은 타당하다. 누군가에게 낯설어 보이는 것은 오직 그 사람에게 익숙하지 않은 것일 뿐이다.

도시의 밤풍경은 방황하는 자의 에로틱한 감정을 반영하고 있다. 이들은 쉴 새 없이 어둠의 대도시를 누비고 다니며 그곳에서 자신이 지닌 욕망의 이질적인 측면을 좇으려고 한다. 이런 정서적인 기질과 밤의 대도시 사이에는 드러나지 않는 유사성이 존재한다. 구조적으로 밤의 대도시는 이 책에서 다양한 측면을 묘사한 순수한 섹스와 때 묻은 사랑을 강렬하게 원하는 에로틱한 삶의 감정으로 짜여 있다. 밤의 대도시는 그늘 속에 가려진 에로틱한 감정의 다양한 특징을 갑자기 노출시킨다. 또한 이 책의 전체적인 내용을 요약해주는 모습을 담고 있다.

이 책의 기본명제는 생물학적으로 해석되는 인간 욕구의 특징이다. 인간의 온갖 사랑과 쾌락, 열정은 지속적인 만족을 이탈할 수밖에 없다. 이 때문에 욕구는 끊임없이 파트너 관계에서 벗어나게 하면서도 각 개인은 그 관계에 결속되어 있다는 느낌을 갖게 해준다. 따라서 신의와 예절로 치장된 밝은 무대의 뒤에는 배신과 기만의 어둠이 도사리고 있는 것이다. 욕망의 진실은 기묘하게도 거짓말에서 나온다. 자신에 대한 솔직함이 은밀한 외도를 유도하기 때문이다. 자신에게 좀 더 솔직해지는 것은 무대 뒤의 어둠이 무대 전면보다 더 부각될 때다. 이것은 원시시대의 무질서와 야성으로 돌아간 것을 의미하며 질서정연한 일상의 종말을 고하는 것일지도 모른다. 동시에 자신에게 좀 더 진지해진다면 아마 무대 뒷면의 온갖 어둠을 포기하는 것도 가능할 것이다. 다만 이런 목표는 자극적인 것이 넘쳐나고 다양한 가능성을 제공하는 오늘날의 환경에서는 비현실적이다. 그럼에도 끊임없이 스스로를 단련함으로써 에로틱한 모험과 유희적인 욕구 해소를 바라는 인간의 천성은 억제될 수 있을 것이다.

아무튼 무대 전면과 무대 뒤의 어둠은 앞으로도 계속 존재할 것이다. 이와 같은 무대의 양면성은 불가피하기도 하지만 또 허용되어야 하는 측면이 있다. 거짓말이 없는 사랑이란 있을 수 없기 때문이다. 사실 기만이 없이는 어떤 관계도 이루어질 수 없다. 모든 파트너 관계에는 배신이 도사리고 있으며 이것을 꼭 나쁘다고 할 수도 없다. 병행해서 이루어지는 복수의 생활이 삶을 풍요롭게 해주는 측면도 있기 때문이다. 다음과 같은 오스카 와일드의 표현이 이를 잘 말해준다.

'기만이 그렇게 끔찍한 것일까? 나는 그렇게 생각하지 않는다. 기만은 단지 우리의 개성을 다양하게 펼치게 해주는 수단일 뿐이다.'

만족스러운 섹스는 인습을 뛰어넘을 뿐 아니라
생물학적인 원칙도 무시한다.
그것은 끊임없이 새로운 자극을 찾는 일종의 공예미술이다.
.

.

이제는 새로운 섹스문화를 생각할 때다.
단순히 개방적 외도와 비밀연애, 거짓말을 허용하는 문제뿐 아니라
폭넓게 퍼져 있는 성적 무지를 극복하는 일도 중요한 문제다.

욕정의 생물학적 해부

프란츠 요제프 베츠의 《불륜예찬》은 매우 도발적인 제목을 달고 있다. 게다가 구체적인 섹스 테크닉에서부터 광란적인 대도시의 밤과 사이버섹스에 이르기까지 자극적인 내용으로 가득한 것은 분명하다. 하지만 제목만 보고서 선정적 의도나 상업적인 목표만을 의식한 결과라고 단정해서는 안 된다. 인간의 사랑과 섹스에 대한 역사적 검증과 생물학적 분석, 사회학적 현실 진단의 깊이와 폭에서 각각의 주제에 대한 공감과 설득력을 두루 갖추고 있기 때문이다. 철학자다운 안목과 세계관도 빼놓을 수 없다.

저자 베츠는 인간의 몸은 성적 욕망과 억제되지 않는 욕구 그리고 유혹에 호기심을 보이는 특징 이상의 것이라는 진단에서 서술을 시작한다. 제목에서도 암시되고 있지만 현대사회에서 불륜 또는 외도는 전 사회적인 현상이며 어떤 의미에서는 불가피한 측면도 있다. 저자는 이 같은 사회적 현실과 불가피성을 사랑의 본질에 대한 집요한 탐구로 추적한다. 열정과 애정을 전제로 시작되는 사랑은 '모든 새로운 시작은 자극적이다'라는 말처럼 출발은 뜨겁지만 지속적인 정열은 불가능하기 때문에 사랑에는 이미 종말이 전제되어 있다고 할 수 있다. 따라서 영원한 사랑의 맹세나 위대한 사랑은 실현 불가능한 꿈에 불과하다. 물론 사랑이 결여된 섹스나 섹스가 없는 정신적인 사랑이 가능할 수는 있다. 하지만 사랑이란 애정과 파트너 관계, 섹스가 결합된 형태라는 것을 전제할 때 장기적인 관계에서 사랑의 좌절은 피할 수 없으며 이 좌절감에서 벗어나는 길을 제시한 것이 이 책의 핵심 명제라고 할 수 있다.

섹스의 측면에서 볼 때 20세기에 일어난 성의 해방도 무대 전면의 사랑과 무대 뒤의 어둠에서 벌어지는 사랑의 틈을 메우는 데는 실패했다는 것이 저자의 생각이다. 욕정의 충동을 차단하는 문화적 장치가 여전히 존재하는 데다 공개적인 관계에서 맛보기 어려운 만족스러운 섹스는 떨치기 어려운 유혹이기 때문이다. 저자는 사랑과 섹스를 진화생물학과 사회생물학적인 원인遠因과 신경생물학적인 근인近因에서 해부한다. 자연에 담겨 있는 번식의 이치가 진화과정에서 발달한 원인이라면 사랑을 인체의 화학반응으로 볼 수 있게 해주는 호르몬과 신경 전달 물질의 작용이 근인에 해당한다. 사랑은 여성에게서는 에스트로겐, 남성에게서는 안드로겐과 테스토스테론의 작용으로 설명된다. 또 도파민과 노르아드레날린, 세로토닌 같은 신경 전달 물질도 사랑을 통제한다고 한다.

인간은 원시시대의 충동에서 완전히 진화한 것은 아니라는 점에서 동물과 큰 차이가 없다고 할 수 있다. 이것은 암컷에게 선택받기 위해 집단구혼장에서 화려한 빛깔이나 치장 및 우렁찬 목소리를 뽐내는 동물의 수컷과 부와 권력, 멋진 외모를 과시하며 여성을 유혹하는 남자가 본질적으로 같다는 점에서 이해된다. 인간은 문화적으로 동물과 구분되며, 공동생활의 혼란을 막기 위해 각종 규범과 금지규정이 만들어졌지만 억제되지 않는 욕구와 야수적 충동은 여전히 인간 내부에 잠재해 있다. 전쟁의 잔인성이나 종교적 광란, 무자비한 형벌제도 등 인간의 야수성을 증명하는 현상은 얼마든지 있다. 또 생존자원이나 매력적인 짝, 사회적으로 높은 지위를 놓고 벌어지는 경쟁에서도 인간은 동물과 큰 차이를 보이지 않는다. 평소에는 억제된 동물적 본능과 파괴적 충동을 인간의 기본 성향으로 본 저자는 욕구의 배설공간이 필요하다고 주장하며 외도와 불륜의 사회현상도 이런 관점에서 접근하고 있다.

오늘날 섹스는 번식기능과 점점 무관해지고 있고 결혼이 섹스의 유일한 수단도 아니다. 영원한 사랑이 없는 것과 마찬가지로 결혼도 처음의 맹세와는 달리 시간이 갈수록 애정과 열정이 식을 수밖에 없다. 또한 섹스의 빈도도 줄어들게 마련이다. 이 점에서 결혼은 어쩌면 사랑이 덧없는 것이라는 사실을 일깨워주는 기회인지도 모른다. 또 현실적으로 결혼은 자기 기만적인 삶이 불가피하다는 사실을 깨닫는 장치이기도 하다. 장기적인 관계에서 생물학적인 욕구는 충족이 어렵고 외도와 비밀연애를 부추기게 되며 여기서 거짓말 또는 절반의 진실, 침묵이 발생한다. 사랑과 거짓말, 섹스와 기만은 불가분의 관계에 있다. 성욕이 약화되었다고 해도 배우자에 대한 사랑과 배려에서 외도에 대한 거짓말은 불가피하며 이때의 기만은 필요하기까지 하다. 개인의 정신건강과 사회적 유대를 위해서 어느 정도 기만이 필요하다는 것이 저자의 주장이다. 이런 사실을 입증하기 위해 거짓말의 역사, 철학적인 평가, 수많은 거짓말과 기만에 대한 담론이 예시된다.

융통성이 없는 정직은 무책임한 것이고 어떤 의미에서 진실은 우정이나 배려, 동정심 같은 윤리적인 가치를 위반하기도 한다. 반면 정직에 기초한 기만은 무익한 진실성보다 더 가치가 있다는 것이 저자의 생각이다. '하룻밤의 사랑'은 물론이고 사소한 외도에 대해서는 침묵하거나 거짓말하는 것이 배우자에 대한 사랑이며 배려라는 것이다. 그리고 불륜과 외도는 인간의 제도적인 측면에서 불가피한 것이라고 볼 수도 있다. 흔히 결혼한 배우자를 일심동체로 표현하는데, 일심동체란 성적인 체험공동체이며 사랑에 기초한 감정의 동맹체이기 때문에, 지속적인 열정과 사랑이 불가능하다는 점에서 이것은 깨지고 삐걱거리기가 쉽다. 사랑과 육체적인 쾌락을 동시에 지속적으로 만족시키기란 어려우며 안정된 관계와 정열적인 사랑은 흔히 서로 모순될 수밖에 없다. 성적 관심이 근본적으로 평생 똑같은 상대에게 고착되는 경우는 매우 드물다. 이런 전제에서 일부일처제에 대한 비판적 관점이 제기된다.

저자는 인간의 일부일처제는 자연의 이치에 맞지 않으며 반자연적인 문화기준이라고 주장한다. 수많은 생태적 배경을 보거나 인류의 진화과정과 생물학적 현상을 보더라도 일부일처제는 실체적 진실과 모순된다는 것이다. 물론 모든 조류의 90%는 일부일처제 생활을 하지만 이것은 지극히 짧은 부화기로 제한되며 포유류는 오직 3%만 일부일처제 생활을 한다. 또 인류도 일부일처제를 채택하는 문화는 전체의 5분의 1에 불과하다고 한다. 여기서 배우자로서의 지조가 문제로 대두된다.

지조란, 다시 말해 배우자에 대한 신의란 부부 관계에서 본질적인 것인가? 이에 대한 저자의 진단은 냉소적이다. 한마디로 지조는 이것을 위반할 기회가 없기 때문에 지킨다는 주장이다. 상대를 바꿔가며 성적 접촉을 하려는 욕구는 인간적인 특징이며 생물학적으로 볼 때는 전혀 비정상이 아니라는 것이다. 이것은 번식성공률을 높이려는 동물의 생물학적 본능에서 비롯된 것이므로 몹시 매혹적인 상대와 사랑할 기회가 찾아왔을 때 이것을 단호하게 거부하고 신의를 지킨다는 것은 결코 쉬운 일이 아니다. 저자는 이 같은 번식충동을 일부다처제의 유전적 유산으로 보고 있으며, 한 가지 예로 남자에게 흔하게 나타나는 조루현상도 수많은 암컷과 짝짓기를 하려는 수컷의 진화과정에서 남은 특징이라고 한다. 또 여자의 오르가슴이 더디거나 전혀 없는 것도 번식을 위한 진화를 뒷받침하는 것으로 본다. 여자가 먼저 절정에 도달해 번식기능과 맞물린 남자의 사정 이전에 섹스가 끝나는 것을 방지하려는 목적이 있기 때문이다.

인간의 불륜 또는 비밀연애가 진화생물학적으로 또 사회생물학적으로 불가피한 현상이라는 사실을 뒷받침하기 위해 저자는 다음과 같은 수많은 역사적·사회적·생물학적 사실을 열거한다.

- 플라톤의 《향연》에 나오는 남녀 합일에 대한 신화적 배경
- 인간 제도의 역사, 생물학적 생존을 위한 문화
- 신경 전달 물질과 호르몬을 중심으로 한 성적 본능
- 문명화와 여전히 남아 있는 동물적 충동의 해부
- 인터넷을 비롯해 새로운 미디어의 등장에서 나온 다양한 성적
  접촉의 가능성과 사이버섹스
- 프로이트의 쾌락원칙과 열반원칙, 에로스와 타나토스를 바탕으
  로 한 사랑과 죽음의 충동
- 섹스에 대한 무지의 심각성, 잘못된 오르가슴 집착현상, 쾌락의
  기술
- 사랑과 섹스의 심리, 이별의 심리와 현상
- 거짓말의 사회성과 기능
- 밤의 대도시에서 빚어지는 광란적인 욕구배출과 충동 발산의
  실태

이와 같이 현대적인 섹스와 불륜현상을 해부하는 자료의 폭
은 생각 이상으로 방대하다. 특히 오르가슴에 집착하는 섹스의
무지에 대한 지적은 매우 구체적이고 설득력이 있다. 또 이 책의
중요한 특징으로 빼놓을 수 없는 것은 각 소주제마다 수많은 작
가, 철학자, 예술가의 어록과 텍스트가 다양하게 인용된다는 점

이다.

저자의 결론은 지금이 바로 새로운 섹스문화를 진지하게 생각할 때라는 것. 구체적으로 말해서 불륜과 외도, 비밀연애가 생물학적으로 불가피한 현상이고 막을 수 없는 사회적 사실이라면, 이 현상을 바람직한 인류의 미래와 공동체의 유대를 위해 양성화하고 제도적으로 수용하는 방법을 모색할 시점이라는 것이다. 섹스를 깊이 있는 사랑의 연구로 분석한다는 점에서 미루어 볼 때, 이 책의 제목으로는 사실 불륜보다는 사랑이라는 유기체적 또는 인간적 현상이 더 적합할지도 모른다. 섹스에 담긴 삶의 충동(에로스)과 죽음의 충동(타나토스)을 바탕으로 사랑을 해부한다는 점에서도 그렇다. 어쨌든 제목에서 풍기는 선정적인 구호와 설득력 있는 서술방식이 반드시 일치하는 것은 아니지만 불륜과 외도라는 사회적 현상을 정면에서 터놓고 제기한다는 점에서 자극적이고 다소 거부감이 드는 것은 사실이다. 그것이 비난이든 공감이든, 어쨌든 시끄러운 반응을 불러일으킬 만한 책임은 분명하다.

옮긴이_송명희

연세대학교 독어독문학과를 졸업했으며, 동대학원 독어독문학과(문학 전공) 석사 과정을 마치고 독일 뮌스터 대학교에서 박사 학위(사회학)를 받았다. 현지 여행사에 근무하면서 전문 번역가로 활동중이다. 옮긴 책으로는 《미래를 위한 나의 생각》《직장인 심리학》《다음 차원으로의 여행》《마음의 자석》《인생 어찌하면 좋을까요》《21세기 대중문화 속의 전쟁》《바다로 간 이야기》 외 많은 책이 있다.

불륜예찬

초판 1쇄 발행일 2013년 8월 26일

지은이 프란츠 요제프 베츠
옮긴이 송명희
펴낸이 김현관
펴낸곳 율리시즈

책임편집 김미성
디자인 Song디자인
종이 세종페이퍼
인쇄 및 제본 천일문화사

주소 서울시 양천구 목4동 775-19 102호
전화 (02) 2655-0166/0167
팩스 (02) 2655-0168
E-mail ulyssesbook@naver.com
ISBN 978-89-98229-05-4 03190

등록 2010년 8월 23일 제2010-000046호

값 13,000원

ⓒ 2013 율리시즈 KOREA

이 도서의 국립중앙도서관 출판시도서목록(CIP)은 서지정보유통지원시스템
홈페이지(http://seoji.nl.go.kr)와 국가자료공동목록시스템(http://www.nl.go.kr/kolisnet)에서
이용하실 수 있습니다. (CIP제어번호: CIP2013014560)